beck^Ische reihe

beck'sche reihe

W0068045

Frau Sackmann geht in der Wohnung umher, die sie vermieten will, und lässt sich beraten, wie man solche Räume anpreist: «Hier haben Sie Wohnvergnügen pur», soll sie sagen, «im Sommer gibt's Sonne satt» und auf dem Balkon herrsche «Ruhe total». Der Berater weiß, wie man heute spricht: «Das entscheidende Wort immer nachstellen. Ganz wichtig!» Am Ende verabschiedet er sich von Frau Sackmann so: «Sie schaffen das. Genial!»

In diesen neuen Sprachglossen erzählt Eike Christian Hirsch Geschichten, in denen das *neue Deutsch* an dem Ort gesprochen wird, wo es zu Hause ist. Die Texte wollen niemanden verbessern oder verunsichern. Aber sie zeigen, daß die Sprache nicht nur das Medium ist, in dem wir uns verständigen, sondern auch ein lohnenswertes ... nein, ein lohnendes Objekt der Beobachtung.

Eike Christian Hirsch, geb. 1937, hat Theologie und Philosophie studiert und war Redakteur im Hörfunk des NDR. Einem breiten Leserkreis ist er bekannt geworden durch sein *Deutsch für Besserwisser*, Bücher über Glaubensfragen und die Biographie *Der berühmte Herr Leibniz* (C. H. Beck [2]2001). Bei C. H. Beck erschien außerdem von ihm: *Der Witzableiter* ([3]2005).

Eike Christian Hirsch

Gnadenlos gut

Ausflüge in das neue Deutsch

Verlag C.H.Beck

Den Töchtern

Luise und Eva

dankbar gewidmet

Die ersten beiden Auflagen dieses Buches erschienen
in broschierter Form in den Jahren 2004 und 2005.

Erste Auflage in der Beck'schen Reihe. 2007
© Verlag C. H. Beck oHG, München 2004
Satz: Fotosatz Janß, Pfungstadt
Druck und Bindung: Druckerei C.H.Beck, Nördlingen
Umschlagabbildung: Jussi Steudle, +malsy, Bremen
Umschlaggestaltung: +malsy, Willich
Printed in Germany
ISBN 978 3 406 54767 6

www.beck.de

Inhalt

I · Einfach grottenschlecht 7 · Ganz, ganz wichtig 7 · Knicken oder stemmen 8 · Das kommt überraschend daher 10 · Klar ist das möglich! 12 · Sonne satt. Sensationell! 13 · Gnadenlos gut 15 · Reizüberflutung, hautnah 17 · Spannend und charmant 18 · Kein Problem, alles klar! 20

II · Windjacke mit Windhose 22 · Kleiderfragen 22 · Schöpfen, schaffte, geschafft 23 · Ein Kindskopf seit der Kindheit 25 · Setzen, Liegen, Stehen 27 · Mit Preisen ausgezeichnet 28 · Sieger, Gewinner, Preisträger 30 · Kleine Berufskunde 31 · Nervös statt muskulös 33 · Schweigend ins Gespräch vertieft 35 · K.-o.-Ticker im Mini-sterium 36

III · Dumm gelaufen 39 · Da fragen Sie mich zu viel! 39 · Falls sich jemand verletzt fühlt … 40 · Ich bin ja nicht beleidigt, aber … 42 · Das war wenig hilfreich 43 · Mein Flieger geht um acht 45 · Wollen Sie sich noch frisch machen? 46 · Die kleinen grauen Zellen 48 · Im deutschen Namen 50

IV · Das ist meine Baustelle! 52 · In trockenen Tüchern 52 · Es läuft hervorragend! 53 · Im freien Fall 55 · Vorsicht, Gewinnwarnung 56 · Das neue Sein und Werden 58 · Leistung abliefern 59 · Sie trägt jetzt kurz 61 · Das interessiert nicht! 63 · Ein unbequemer Vordenker 64

V · Macht das Sinn? 67 · Ein Medium mit Visionen 67 · Ich habe gelernt … 69 · Ist das korrekt? 70 · Vergiss es! 72 · Ich meine, was ich sage 74 · Hauptsache, die Chemie stimmt 75 · Okay bleibt schon o. k. 77 · A jour ist nicht mehr up to date 78

VI · Überhaupt kein Thema! 81 · Schwer getroffen 81 · Dreimal weniger 82 · Kein Vergleich! 84 · An der Geige 85 · Die schönste Frau der Welt 87 · Der Rechtsweg

6 ist ausgeschlossen 88 · Auf Ihren Gesundheitszustand! 90 · Ist optional erhältlich 92

VII · Das möchte ich so nicht sagen wollen 94 · Hinterkopf im Hintergrund 94 · Schtilfragen 95 · Mit eigenen Augen gesehen 97 · Ein bisher beispielloser Fall 99 · Ich pflege normalerweise ... 100 · Ein Mahner für gutes Deutsch 102 · Ihre Kennerschaft der Sprache 103 · Die Für-Sorgerin 105

VIII · Hemmungen kannte der keine 107 · Wichtick ist das Matrijal 107 · Wir in Hannowwer 108 · Das Ende versickert 110 · Ihren Ausweis haben Sie dabei? 111 · Die Liebe zu den Präpositionen 113 · Das will ich doch nicht hoffen! 114 · Morgen habe ich Lust ... 116 · Am Chef wächst die Kritik 118

IX · Großer Bahnhof 120 · Ankurbeln als Dauerbrenner 120 · Vom Glauben zum Denken und Sagen 121 · Untermauern oder hinterfragen? 123 · Ganze dreißig Leute, volle drei Stunden 124 · Das heißt nicht «schön»! 125 · Scheinbar oder anscheinend, egal 127 · ... und/oder 129 · Wer brauchen ohne ‹zu› gebraucht ... 130 · Kunigunde, ich schwömme 132

X · Das abgereicherte Uran 134 · Auf Nummer sicher Wirkung zeigen 134 · Quantensprung im Schleudersitz 135 · Offensiv und spartanisch 137 · Unterprivilegierte Massen 138 · Rücksichtslos ohne Rückspiegel 140 · Erst Reklame, dann Reklamation 141 · Idealtypisch wird das erst postum 143 · Der Erblasser mit der Leichenbittermiene 145

XI · Tiefenschärfe des sozialen Brennpunkts 147 · Steilpass für Kugelblitz 147 · Gemengelage von Handy und Handikap 148 · Sparschwein macht Mundpropaganda 150 · Die grüne Lunge 151 · Unbefleckte Empfängnis 153 · Sie kennt Gott und die Welt 155 · Enteisent 156 · Lichtjahre 158

I · Einfach grottenschlecht

Ganz, ganz wichtig Aber liebe Frau Mendel, es ist doch heute so einfach mit dem Computer. Sie haben einen Text geschrieben, der Ihnen sehr gut gefällt, doch dann bemerken Sie, wie oft da ein «sehr» vorkommt. Und schon geben Sie den Befehl ein, dies Wörtchen solle gestrichen werden. Ersatzlos. Und siehe da, das Streichen geht sehr schnell und sehr zuverlässig.

Allerdings, hoppla, jetzt sollte ich das bei meinem Text auch machen, und mein letzter Satz lautet dann nur noch «das geht schnell und zuverlässig». Da fehlt einem doch was, oder? Das wirkt doch sehr dürftig. Ja, liebe Frau Mendel, ich stimme Ihnen ganz zu. (Das Wörtchen «ganz» ist mir auch schon ganz unentbehrlich geworden.)

Wenn ich jetzt genau höre, was Sie sagen möchten, dann ist es dies: Im Deutschen wirkt ein Urteil wie «es hat mir gefallen» fast schon beleidigend matt. Das muss heißen: Es hat mir sehr gefallen. Da kann man noch so sehr für Kürze und Schlichtheit eintreten, ganz ohne diese Würze geht es nicht. (Wenn ich mich jetzt so beobachte, merke ich, wie ich diesem Trend selbst ganz verfallen bin.)

Einigen wir uns doch wenigstens darauf, das neuerdings beliebte «sehr, sehr» einzudämmen. Kaum ein Sportler, der noch «sehr gut» gespielt hat, er hat «sehr, sehr gut» gespielt. Doch, das ist mir oft sehr, sehr stark aufgefallen. Weswegen ich es so empfehlenswert fände, wenigstens eines der «sehr» zu sparen. (Das ist mir sogar ganz, ganz wichtig.)

Das nächste Wörtchen, Frau Mendel, das wir durch den Computer bei Ihnen tilgen lassen, ist das Wörtchen «so». Es ist doch so überflüssig! Nein, nicht ganz, denn es gibt unserer Rede und unserem Geschriebenen doch so ein Gewürz der Lebhaftigkeit. Alles wird zum Ausruf: Es war so schön mit dir … Auch dieses Gewürz möchten wir daher kaum missen. Es ist eine kleine Gefühlsbeigabe und lässt den Geschmack der ganzen Umgebung stärker hervortreten, als es Glutamat in der Küche kann.

Aber lassen Sie uns wenigstens über «doch» reden. Bei diesem Wort sind wir uns doch ebenfalls einig, ja? Wer jemals ein Interview hat abschreiben müssen, weil es gedruckt werden muss, weiß, dass ein Politiker in jedem zweiten Satz dieses Wörtchen unterbringt, ohne dass es so erscheinen sollte. Denn es hat so etwas Drängendes: Das ist doch klar. Sie müssen doch sehen … In fast jedem gedruckten Interview fehlt dieses Wort, und siehe da, die Sprache wirkt gleich ruhiger und fast souverän. Diese emotionalen Füllwörter sind typisch für die deutsche Sprache. Den Stil können sie freilich schnell überwuchern. Doch, doch! Vor allem, wenn sie auch noch verdoppelt werden.

Während «doch» die Eigenschaft hat, Zustimmung zu fordern, ist es bei seinem sanften Gegenstück «ja» ganz anders (nein: es ist anders, einfach anders). Das «ja» will liebevoll vereinnahmen, und ich gestehe ja freiwillig, dass ich es in Briefen und sonstwo immerzu einschmuggle. Weil mir so viel daran liegt, mein Gegenüber einzubinden: Das wissen wir ja beide, und da sind wir uns ja auch ganz einig …

Nicht wahr, Frau Mendel, damit sage ich Ihnen ja nichts Neues: Ums Deutsche steht es sehr, sehr schlimm, doch, doch, und das stimmt mich ganz, ganz bedenklich. Alles wäre doch so, so einfach … Deshalb wird der Computer das nun aus meinem Text streichen. Versprochen.

Knicken oder stemmen «Die Idee kannst du gleich knicken», sagte Oliver, der junge Architekt, zu seinem Kollegen Marc auf der anderen Seite der Zeichentische, «und deine Entwürfe in die Tonne treten.» Er legte die Unterlagen für den Wettbewerb, an dem sich beide Angestellten hätten beteiligen können, beiseite.

«Oder wir stemmen das», entgegnete sein Kollege Marc.

– «Einen Wettbewerb?», fragte Oliver, «wer soll denn den noch ins Programm wuchten? Vergiss es.» – «Den Wettbewerb will ich unbedingt noch hochschieben», erklärte Marc mit aller Entschlossenheit, «danach … ist mir schrottegal!»

Ja, so klingt das heute. Die neue Alternative lautet: knicken oder stemmen. «Stemmen», sagte Marc, «einfach losmachen!» – «Bis der Arzt kommt», höhnte Oliver, der sich die drohenden Nachtschichten nicht aufladen wollte. – «Komm! Nicht bis zum Anschlag, wir bleiben hart am Limit», setzte Marc dagegen, «noch alles im grünen Bereich.»

«Der muss immer was wuppen», meint Oliver im Stillen und denkt: Marc ist ein Brutalo, einer, der gern den Proll gibt. Was der sich vorgenommen hat, das versucht er zu pushen. Einmal kriegte er beim Chef die Rote Karte, doch der Konflikt ist ausgeräumt. Anschließend musste er sich beweisen. Der hat ohne Ende rangeschafft. Hat sich mit einem eigenen Projekt eindrucksvoll zurückgemeldet und einige Kollegen hinter sich gebracht, die nun zu ihm stehen.

Marcs Schreibtisch wirkt übersichtlich. Blätter, die er nicht brauchen kann, wedelt er in den Papierkorb. Er pflügt eine harte Furche. Zeigt Kante. «Kante oder kuscheln», behauptet er gern, entweder oder. Und jetzt eben «knicken oder stemmen». Er federt aus dem Sessel und geht im Büro umher: «Da müssen wir durch!» Jetzt soll es offenbar richtig abgehen.

Der feinsinnige Oliver hingegen wirkt meist zögerlich. Wenn er antworten soll, sagt er «eher nicht» und erklärt, das müsse erst aus den Höhen der Theorie heruntergebrochen werden auf die Praxis. Am Telefon spricht er so zu den Kunden: «Ich wollte bei Ihnen diesen Termin zunächst mal nur optionieren.» Der Oliver, so sieht ihn der Marc, der immer Power zeigt, der Oliver ist hier schon rumgelaufen, total unentschlossen. Sein Ding ist, dass er labert und labert. «Dafür sollte immer Zeit sein …», ja, so redet der echt. Im letzten halben Jahr, da lief bei dem manches komplett Banane.

Und nun will Marc den Wettbewerb machen. Solange seine Leistung stimmt, kann er mit breiter Brust zum Chef gehen. Verhandelt mit dem auf gleicher Augenhöhe. Und in diesem Augenblick trägt er dem seine Absicht vor. «Knicken oder stemmen?» Der Chef brummt: «Stemmen!» Marc und Oliver machen das Projekt gemeinsam. Sonst läuft das nicht optimal. Und sie schaffen den Termin! Am Ende sagt Marc: «Das war schon eine Erfahrung der besonderen Art!», während Oliver etwas selbstmitleidig stöhnt: «… hat viel Kraft gekostet.»

Den Wettbewerb haben sie übrigens gewonnen. Der Chef gratulierte, wie er sagte, «den üblichen Verdächtigen». Und die beiden ergänzten wie aus einem Munde: «Der Beginn einer wunderbaren Freundschaft.»

Das kommt überraschend daher   «Ach, die Frau ist echt locker unterwegs …» Klingt doch nett, verehrte Leserin! Wenn von Ihnen so geredet wird, dann haben Sie es geschafft. Wobei ich gar nicht mal so sehr das Wort «locker» meine, das ebenfalls eine hohe Auszeichnung ist, sondern dieses Unterwegssein. Locker unterwegs! Es ist die angesagte Lebensform, die sich darin ausdrückt. Man lebt nicht dahin, man *geht* nicht etwa oder tritt auf, man ist unterwegs. Und zwar eilig, denn wir haben ja nicht ewig Zeit.

Auch anderes ist in Bewegung, Sie können etwa von einem Industrieprodukt sagen, es sei flott unterwegs, wenn es sich gut verkauft. Recht launig klingt die Meldung über Fakes, die in Umlauf sind: «… gefälschte Levis sind gut unterwegs.» Das Gleiche gilt von Ihnen, wenn Sie im Auto fahren. Wer wird schon fahren? Auf Straßen und Autobahnen sind Sie – sei es morgens mit Restalkohol oder sonst gern mit Höchstgeschwindigkeit – unterwegs. Mit diesem neuen Ausdruck, der an Lockerheit kaum zu überbieten ist, weil er jede Anstrengung leugnet, kann man selbst von rasender Fahrt nachsichtig sprechen: «Ein Fahrer ging der

Polizei in die Radarfalle, der mit 230 km/h *unterwegs* war ...»
Wer wird sich schon aufregen. Der Gute glitt doch nur dahin ...

Sagte man eben noch «da wurde was geboten» oder «da kommt einiges auf Sie zu», so heißt das nun: «Das volle Programm eben!» Oder am besten gleich: «Da ist das volle Programm unterwegs.» Klar, Bewegung ist Leben. Und was nicht unterwegs sein soll, muss man ausdrücklich festklopfen, zum Beispiel Termine und die Tagesordnung. Sonst haut ja alles ab. Bei dem bekannten Fahrtwind, den wir alle erzeugen. Aber immer cool.

Genau diese Aura von Gelassenheit und Vergnügen, die bei «unterwegs» mitklingt, ist sein Charme. Da zeigt sich, was angesagt ist. Ein besonderer Grund, warum das Wort so cool klingt, ist wohl, dass es einmal als eine recht gemütliche Vokabel galt. Zu Gott unterwegs sei der Pilger, sagte man. «Das ist längst *unterwegs*», hieß es später, und so etwas konnte lange dauern. Heute nicht mehr.

Und wenn wir nicht unterwegs sind, *kommen* wir doch ganz locker *daher*, denn das gehört sich schon lange so. Selbst für Gegenstände. Es ist gleichsam das persönliche Gegenstück zum Unterwegssein. Vom möglichen Wiederaufbau des Schlosses in Berlin las man in der Zeitung, noch sei es offen, «ob die Fassade des Neubaus barock *daherkommt* ...» Wahrscheinlich wird sie sich mit solcher Eleganz in Bewegung setzen, dass uns keine Zeit bleibt zu fragen: Wie kann eine Fassade kommen, gar locker daherkommen, muss man gar ein Erdbeben befürchten? Von einem Pokalsieg hieß es, dass er «überraschend daherkam ...» Er schlenderte wohl, schwebte gar ein. Keine Ahnung. Egal.

Wir Sprachteilnehmer als Wesen auf zwei Beinen wollen wohl nicht weniger gern *daherkommen*. Spaß pur. Und wenn wir so daherkommen, dann auch, klar, als echte Bringer! Locker wie eine barocke Fassade und zugleich so effizient wie ein Pokalsieg. Noch sind wir selbst vielleicht nicht so weit. Aber wir arbeiten dran. Wenn Sie gut unterwegs sind, kommen Sie, das verspreche ich Ihnen, auch locker daher.

12 Klar ist das möglich! Ein bekannter Reiter wird interviewt und spricht von Schwierigkeiten mit seiner Stute: «Die war so nicht zu reiten, *keine Chance*.» Diese angehängte Bekräftigung «keine Chance» gefällt mir. Ein Einwurf nur, kein vollständiger Satz, so redet man. Dieser leichte Ton der Umgangssprache wird übernommen ins geschriebene Deutsch. Das macht auch die Schriftsprache knapp und biegsam. Ein junger Rennfahrer sagt, ebenfalls im Interview: «Mein Ziel ist schon irgendwie die Formel 1, *ganz klar*.» Noch mag diese knappe Wendung «ganz klar», die einen Nebensatz vertritt, in der Schriftsprache verpönt sein, aber sie ist eine Bereicherung. Ganz klar.

Früher gab es eine Scheidewand zwischen Alltagsrede und Schriftsprache. Die Schriftsprache *ist* aber auch danach gewesen! Durch den Journalismus kommt immer mehr wörtliche Rede in das Geschriebene und macht es lesbarer und lebendiger, finde ich. Ein Verlust? Ich behaupte: *nein*. So reden wir, und ähnlich kräftig wird man auch schreiben. Eine mündliche Antwort lautet heutzutage: «Ich denke: *schon*.» Oder: «Im Prinzip, *keine Frage!*» Das breitet sich aus.

Andere alte Nebensätze werden heute ebenfalls verkürzt auf ihr wichtigstes Wort. Und schon geht es flotter. Die Leute mögen es, *egal*, wie locker das klingt. Dieses eingeschobene «egal» steht erkennbar für einen ganzen Satz. Viele schreiben so, *schlicht*, weil man auch so redet. In der Schule ist man noch dagegen, *warum*, weiß ich nicht so recht. Sie hören das bestimmt heraus, wie etwa dieses knappe «warum» für den alten Nebensatz steht: «warum das so ist …» Einige haben, *natürlich*, noch Vorbehalte.

«Schreiben darf man so nicht», sagt die Lehrerin. «*Kein Zweifel*.» Doch mündlich gehe das, «*und ob!*» Die meisten Pädagogen scheinen mir skeptisch, und *wenn*, nur zögernd zustimmend, *unwichtig*, an welchem Schultyp sie unterrichten. *Vielleicht*, dass sie Sorge haben um das gute Deutsch. Ist das nicht korrekt? *Und wenn schon …*

Drehbuchautoren müssen ihre Dialoge sogar unbedingt so schreiben, wie man spricht. *Logisch* ist das schwer! Das ist solch ein Satz, der aus dem Leben gegriffen klingt. *Sicher* kann das auch schiefgehen. Es ist gerade dieses erste Wort in einem hingeworfenen Satz, das so viel enthält und dem Ganzen seine Eleganz gibt. *Sicher* ist das ein Gewinn. Meine Lieblingswendung ist übrigens: «*Klar* ist Julia ein Genie.» So flüssig fließt die freie Rede. Ist das zu kurz? Ich finde, *keineswegs*. Nein, ich mag das. Bis vor kurzem musste man doch schreiben: «Es ist klar, dass Julia ein Genie ist.» Wie umständlich.

Nicht, dass man das übertreiben sollte! Sie merken, damit habe ich schon wieder so eine Verkürzung, die am Anfang steht, aufgegriffen. Früher hieß das: «Ich möchte nicht, dass man das übertreibt!» Das Neue finden Sie zu knapp? *Na, und?* Spricht etwas dagegen? *Nicht*, dass ich wüsste. Ich und streng? *Von wegen.* Oder sagen wir, *je nachdem*.

Schriftlich traut sich nicht jeder, *logisch*. Aber *keine Frage: Klar* wirkt das munterer. *Oder?* Sind wir uns einig? Geht es? *Sonst* ... Und wenn was ist, Sie wissen ja ...

Sonne satt. Sensationell! Meine liebe Frau Sackmann, schön, dass ich die Wohnung jetzt sehe, die Sie und Ihr Mann vermieten wollen. Ist ja prächtig! Wir sind hier miteinander verabredet, um mal einzuüben, wie man mit Mietinteressenten spricht. Im neuesten Deutsch, werbend, aber dezent. Zuerst wollen alle wissen, ob es bei der Mietforderung bleibt. Da sagen Sie am besten sanft: «Es ist aber auch Komfort *plus*.» Ja, genau! Man stellt das entscheidende Wort heute nach. Es heißt nicht «viel Komfort», sondern «Komfort plus».

Frau Sackmann, und wenn Sie mit den Interessenten in diesem wirklich geräumigen Wohnzimmer stehen, verkünden Sie: «Hier haben Sie Wohnvergnügen *pur*.» Immer das entscheidende Wort an den Schluss. Nun treten Sie auf den

Balkon und rufen: «Im Sommer gibt's hier Sonne *satt.*» Nach einer kleinen Pause, in der man die Vögelein singen hört, säuseln Sie: «Ruhe *total.*» Das entscheidende Wort immer nachstellen, *ganz wichtig!*

Vielleicht wundert Sie das, Frau Sackmann, aber Sie kennen es schon aus der Werbung: Krönung *light* und Henkell *trocken.* Und aus der Küche: Kaffee *verkehrt* und Forelle *blau.* Früher gab es auch den Ball *paradox,* und die Fachsprache sagt sowieso: Pflanzkästen *rund* und Schrauben *verzinkt.* Einfach nachstellen. Falls Sie sportbegeistert sind, kennen Sie auch den Seufzer: «Das war Fußball *brutal.*» Aber zurück zu unserer Übung.

Ihre Interessenten werden vielleicht noch schwanken, ob sie nicht, statt zu mieten, lieber eine Eigentumswohnung kaufen sollten. Das müssen Sie denen ausreden. Am besten so: «Mit einem eigenen Besitz hat man doch nur Stress *ohne Ende.*» Und wenn Sie für diese Sicht Verständnis finden, schieben Sie nach: «Ja, ja, Handwerkerrechnungen *bis zum Abwinken.*» Damit, liebe Frau Sackmann, kennen Sie auch die negative Pointierung, die ebenfalls angehängt wird.

Und nicht vergessen: Mit nachgeschobenen Wörtern bestärkt man sich jetzt auch selbst. Das probieren wir gleich mal. Sie werden sagen: «Das Bad hier sieht mit der richtigen Beleuchtung fantastisch aus. *Absolut!*» Sie bestätigen sich selbst mit «Absolut!» *Genau!*

Versäumen Sie aber nicht, auch die Interessenten mit Lob herauszustreichen. Da wirken dieselben Mittel. Sie sagen: «Oh, Sie besitzen antike Möbel. *Super!*» Merken Sie? So als nachgestelltes emphatisches Lob. «Drei Kinder werden hier einziehen? *Sensationell!*» Hingeworfene Worte, Telegrammstil. *Sehr wirksam.*

Doch nun, Frau Sackmann, müssen Sie leider erleben, dass die Interessenten plötzlich das Weite suchen. Wir sollten deshalb noch üben, wie Sie den Vorfall am Abend Ihrem Ehemann beichten. Sie werden ihm sagen: «Die sind einfach gegangen. *Keine Ahnung.*» So wird das heute angehängt, statt «ich weiß nicht». Was auch zu schlapp klang. Sie sagen: «Keine Ahnung.»

Bald will Ihr Mann doch wissen, was denn der Grund war. Den deuten Sie so an: «Zum Schluss haben die uns noch ein Angebot gemacht. Also … *Ohne Worte!*» Ihr Mann ist recht niedergeschlagen. Aber Sie wissen wenigstens, wie man das ausdrückt: «Jetzt geht die Suche von vorne los. *Ganz schlimm!*» Einfach anhängen: «Ganz schlimm.»

Ich merke schon, Sie schaffen das. *Genial!*

Gnadenlos gut Die Kunstausstellung wird morgen eröffnet, heute ist Vorbesichtigung. Nur Fachleute sind es, die hier durch die Räume schlendern. Wer den Dialogen zuhört, weiß gleich, was angesagt ist. «Das Tafelbild war eben noch tot!», ruft eine zierliche Frau, fast bedauernd angesichts dieses Wiederaufstiegs der alten Malerei. «Da bin ich bei Ihnen», sagt der dicke Alte neben ihr, «und jetzt siegt die sogenannte ‹Flachware Tafelbild› über die Fotografie, dieses kleinere Übel.» Er war offenbar damit einverstanden, das Gewohnte wieder in Mode zu sehen. «Fotokunst als kleineres Übel zu bezeichnen», sagt die Frau streng, «ist daneben!»

«Die große Aufregung, der Hype», meint er von der Fotobegeisterung, «hat sich jedenfalls erst einmal gelegt», und rudert mit den Armen weiter. – «Ich mag», setzt sie heftig dagegen, «eher Objekte oder Videoinstallationen!» – «Sehen Sie doch nur diesen Maler! Welche Farbsprache! So was von gut!» Der rundliche Alte ist stehen geblieben. «Ich finde den Gheorghescu», fährt er fort, «unverbraucht, einfach grenzüberschreitend – auf seine Weise.»

«Den? Der erscheint mir eher buchhalterisch», zischt sie, «das ist ein reaktionärer Hohlkopf!» – «Nein! Nur eben alarmierend anders!», stellt der Alte fest. – «Dieses Urteil, also, Entschuldigung!», sie wird jetzt heftig, «das ist für mich ein Gruß aus Absurdistan. Ein Stehgeiger will den Provokalo geben!» – «Er provoziert Sie offenbar mit seiner ungewohnten Formenwelt», sagt der dicke Alte, fast schon giftig. – «Ein grottenschlechter Maler!», ruft sie laut. – «Ich finde ihn punktgenau und konkret. Einfach gnadenlos gut», brüllt er zurück.

An dieser Stelle möchte ich mein Protokoll des Streites unterbrechen, um zu behaupten, dass wir bei dem entscheidenden Gegensatz angekommen sind, um den es heute geht. Nämlich um «grottenschlecht» oder «gnadenlos gut». Man muss sich entscheiden. Warum das Schlechte inzwischen überall «*grotten*schlecht» heißt, weiß ich nicht. Ungefähr seit 1989 hat es sich, etwa in der Sportsprache oder bei Jugendlichen, etabliert. Der Ausdruck kommt aus dem schwäbisch-badischen Dialekt, wo «krott» oder auch «grott» für die Kröte steht. Also eine Zusammensetzung mit einem Tiernamen wie auch in: affengeil, hundsmäßig, saugut oder schweinekalt.

Eher dunkel scheint mir die Steigerung von «gut» zu «*gnadenlos* gut». Eigentlich ist doch «gnadenlos» nichts Gutes, es sei denn, man ist Masochist und findet «gnadenlos» daher echt gut. Aber hören wir uns den Dialog in der Ausstellung noch ein paar Takte lang an.

«Vielmehr: gnadenlos harmlos!», urteilt sie, «Aktbilder nach Magazinvorlagen, ich bitte Sie. Das erinnert nur noch an Kitsch und Propagandakunst.» – «Gheorghescu sieht auch selbst hammerhart aus!», widerspricht er. «Für mich ist er erfrischend unsentimental. Und am Markt erfolgreich!» – «Einen Künstler marktgängig zu nennen», die zierliche junge Frau blickt triumphierend, «also, das ist die Höchststrafe!»

Bei diesen Worten entschwanden beide Kenner meiner Hörweite. Doch ich wusste nun wenigstens, wie man in diesen Kreisen zu streiten pflegt. Der Wortschatz muss stimmen, egal, ob man zufällig genau *das* für grottenschlecht hält, was andere gnadenlos gut finden.

Reizüberflutung, hautnah «Es wird *zunehmend* schwieri- ger ...» Wer so spricht, kann als cool gelten. Das Wörtchen «zunehmend» lassen wir einfließen, wenn eine Entwicklung zu beklagen ist. Früher sagte man nur «es wird immer schwieriger». Aber was heißt das schon? Jeden Tag ein bisschen, bloß eine lineare Steigerung. Das reicht nicht. Die Kurve steigt heute *zunehmend* an. Jedenfalls immer dann, wenn «zunehmend» mit einem Komparativ kombiniert wird. Und dieses Ansteigen der Kurve will angedeutet sein. Sie wird angeblich immer steiler. Sie steigt exponentiell. Als Parabel.

Es ist erstaunlich, wie mathematisch präzise der Sinn des Wortes *zunehmend* ist, obwohl die Leute das nur mal eben so einstreuen, weil es gerade Mode ist und weil es jeder Klage diese schöne Unausweichlichkeit gibt, die Pessimisten so lieben. Ja, wirklich, es wird zunehmend schwerer, ein leichtes, einfaches Deutsch zu sprechen. Da haben diese Leute Recht. Denn alles muss eindringlicher gesagt werden. Nennen wir es nur beim Namen, es wird meist stark aufgetragen. Zunehmend stärker!

Doch ich muss eins einräumen: Es finden sich schon Zeitgenossen, die einen Gang zurückschalten und den Komparativ nach «zunehmend» vermeiden. Das klingt dann so: «Die Verhältnisse gestalten sich zunehmend schwierig.» Das lässt sich hören! Oder: «Finanzexperten blicken zunehmend optimistisch in die Zukunft.» Wenigstens keine doppelte Steigerung. Dem wollen wir doch gern folgen und ebenfalls zunehmend beglückt auf die Sprachentwicklung schauen. Gleich lässt unsere Reizbarkeit nach.

Der Anthropologe Arnold Gehlen konnte sich rühmen, das Wort «Reizüberflutung» erfunden zu haben, es steht in seinem Buch «Der Mensch» von 1940. Aber wirken die vielen Sinnesreize, die uns erreichen, tatsächlich wie eine Überschwemmung, ist bei uns schon Land unter? Ich finde das Wort, das die vielen Reize benennen sollte, ist selbst wohl schon ein zu starker Reiz. Gehlen hat ebenso das Wort «hautnah» geprägt. Seitdem erleben wir das Unmittelbare angeblich *hautnah*. (Doch was ist eigentlich haut-nah, ich meine, außer der Unterwäsche?) Diese leichte Übertreibung hat uns nicht einmal gereicht, längst haben wir die Sache gesteigert zu: «Das geht mir *unter die Haut*.» (Was geht einem schon unter die Haut – außer einer Sprit-ze?) Nächste Steigerung: «Das geht irre tief rein!» Da hoffen wir, wenigstens diese Wendung ist nur symbolisch gemeint.

Ach, nun sagen Sie bestimmt: «Wenn man erst mal drauf aufmerksam gemacht wird, dann sieht man diese Ausdrü-cke doch mit ganz anderen Augen!» Ich hoffe, Sie sehen sie anders. Aber ganz andere Augen brauchen Sie sich dafür nicht anzuschaffen.

Immer diese Übertreibungen. Und dabei bedarf es doch nur eines gewissen Denkanstoßes – und schon fühlen Sie sich angerempelt. Nein, lassen wir auch den Denkanstoß. Ich wollte Sie nicht anstoßen, Entschuldigung! Vielmehr hoffe ich, alle möglichen Fragen restlos geklärt zu haben. Wieder konnten Sie die deutsche Sprache hautnah erleben, doch ich fürchte, auch Ihnen fällt diese dauernde Reizüber-flutung zunehmend schwerer. Oder sagen wir: zunehmend schwer.

Spannend und charmant Büroleiter Meyerhoff findet al-les spannend, neuerdings. Er hatte das ewige «interessant» satt. Und er weiß, was man heute sagt. Sonderbarerweise spricht seine Auszubildende Nathalie auch von «spannend». Schwer zu sagen, wer es von wem hat. Bei Meyerhoff scheint es mir klar zu sein, dass er eigentlich auch gern «geil» sagen würde, aber das hat er sich nie erlaubt. Stattdessen sprach er von «sexy». So fand er die neuesten Verkaufszahlen sexy, auch manches Produkt, sogar das der Mitbewerber. Einmal meinte er so-gar, Mathematik sei doch eigentlich sexy. Er findet Geld sexy und Golf. Dennoch schien das Wort ein wenig anrü-chig. Daher sagte er bald «heiß». Er sei ganz heiß auf die nächste Präsentation, meinte er, eine «heiße Sache». Doch auch das erinnerte zu sehr an Marilyn Monroe oder an die heißen Höschen.

Also musste etwas Neues her. Das scheint er jetzt entdeckt zu haben. «Das finde ich unwahrscheinlich spannend», sagt Meyerhoff, ein anderes Wort fällt ihm kaum mehr ein. Früher hätte er, wie erwähnt, «interessant» gesagt, aber, offen gestanden, das Wort ist wirklich nicht sexy, nicht mal heiß. Daher die Anleihe aus dem Krimi-Milieu: spannend.

Nathalie, seine Auszubildende, darf natürlich keinesfalls von «geil» reden. Schon gar nicht in seiner Gegenwart. Sie hat sich ihm angeglichen. Das meiste im Büro findet sie «total spannend», weil das von ihr so verlangt wird. Wo frühere Teenies noch «och, ganz interessant» gemault haben, ist sie mit «voll spannend» dabei. Sie hat sogar ein paar andere Wörter parat, wenn sie etwas herausstreichen will. «Absolut genial» geht ihr zum Beispiel leicht vom Munde. Eine Art Eigenlob, denn wer Genialität erkennt, muss ja selbst etwas Geniales haben. Könnte man denken.

Das Wort «interessant» ist zwischen Meyerhoff und Nathalie seit Monaten nicht gefallen. Was mich freuen muss, ich mochte das Wort im Grunde noch nie so recht. Ebenso ist «witzig» ersetzt worden (wurde ja auch Zeit). In diesem Fall bin ich sicher, die neue Welle kam diesmal vom Büroleiter Meyerhoff. Er sagt jetzt immer: «Das hat Charme», wo er sich bislang mit «das hat doch was!» begnügte. Oder er findet etwas «einfach charmant» statt toll oder lustig. Was war früher nicht alles lustig! Und jetzt ist es eben charmant.

Das Wort «nett» ist im Büro von Meyerhoff und Nathalie tatsächlich seit Monaten ebenfalls nie mehr zu hören gewesen. Glückwunsch! Auch «positiv» ist vom Büroleiter nicht mehr verwendet worden, was mich ebenfalls freut. Gab es ein hässlicheres Wort? Während er stattdessen wieder zu «gut» und «erfreulich» zurückgekehrt ist, hat Nathalie eine weit größere Auswahl zur Hand. Er selbst kann allenfalls zu dem Ausruf «vom Feinsten!» greifen oder gar behaupten, etwas sei «zum Niederknien», aber das findet er doch selbst leicht übertrieben.

Nathalie hingegen spricht von Kult, von «kultig», «hipp» oder «voll krass», natürlich auch von «echt cool». Doch so ganz passe das alles, meint sie, nicht ins Büro. Sie will mal eine seriöse Kauffrau werden. Also ist sie auf «charmant» umgestiegen. Hauptsache, weder nett noch interessant! Geeinigt haben sich beide auch auf «stark». Das meiste finden sie nun stark. «Ein starker Film!» Das sagen beide.

Diese Entwicklung ist nicht ohne Charme, finde ich. Sie scheint mir jedenfalls – einfach spannend. Ein starker Auftritt.

Kein Problem, alles klar! «Wenn ich zu Hause mit meinen Teenies rede», stöhnt mir eine Kollegin und viel geprüfte Mutter ins Ohr, «höre ich sofort deren Lieblingswendung ‹Alles klar!› Doch das Wort klingt für mich wie: ‹Alte, hör auf, uns zuzutexten, wir haben ja schon verstanden und wollen dein Gelaber nicht mehr hören.›»

«Alles klar!», rufe ich nun meinerseits, um jener Mutter zu zeigen, wie gut ich das kenne. «Alles klar?», entgegnet sie empört und will mir zeigen, wie unsinnig diese Redewendung ist: «Wann ist jemandem schon alles klar? Wie wenig muss man von einem Problem eigentlich verstanden haben, um behaupten zu können, einem sei – so wörtlich – *alles* klar …»

«Klar!», sage ich bescheiden und lasse das «alles» lieber weg. Um dann nachzuschieben: «Man muss wohl erwachsen sein, um sich darüber klar zu werden, wie wenig einem klar ist. Doch damit», füge ich hinzu, als wollte ich zum Guten reden, «habe ich kein Problem!» – «Kein Problem, kein Problem!», ruft nun die geplagte Mutter, «das ist das andere, was ich ständig höre. ‹Kein Problem.› Denen ist *alles klar*, und darum haben sie auch *kein Problem*.»

Nun war es wieder an mir, etwas zu entgegnen, und ich
machte es so ungeschickt, wie es nur ging, leider. Denn ich
sagte spontan: «Das ist *Ihr* Problem ...» Kaum hatte ich das
ausgesprochen, wusste ich, wie unfreundlich diese Worte
wirken mussten. Und ergänzte schnell: «Damit haben Sie
doch kein Problem, oder?»

Man kann das geschickter machen. Wenn Mitmenschen
sich über den Sprachgebrauch anderer, auch der Jüngsten,
ärgern, sind sie schlecht zu beruhigen. Was hätte ich entgegnen sollen? Meine Kollegin und erfahrene Mutter nahm das
aber gut auf. «Null problemo», heiße das bei ihr zu Hause,
«seit in dieser Fernsehserie der Gnom Alf aus dem All das
ständig sagte.» Doch «null problemo» sei gar kein richtiges
Spanisch, es müsse «ningún problema» heißen. Das war mir
neu, und ich freute mich über den ruhigen Ton.

«Ja, ja, die Teenies», sagte ich, «kein Problembewusst-
sein! Immerhin scheint mir deren ewiges ‹kein Problem›
besser als die Sorgenfalten von uns Problemikern. Oder
sagt man Problematikern? Egal. Wie reden die Kids noch?
‹Mein Ötzi geht mir tierisch auf den Zeiger›». Davon
schien auch mein geplagtes Gegenüber einiges zu verstehen. «Claro!», hörte ich die Teenie-Mutter nun leise sagen
und musste ihr gleich zustimmen: «Dann hätten wir das ja
geklärt. Also, wo ist das Problem?»

Ihre Gesichtszüge entspannten sich weiter auf eine reizende Weise. «Problem, welches Problem?», sagte sie recht
heiter und sah selbst aus wie ein Teenie. «Aber wenn ich»,
fuhr sie fort, «mal mit meinen beiden über so was reden
will und sage, so gehe das nicht, wissen Sie, was ich dann
zu hören bekomme? Mit süßem Schmollmund: ‹Nee – ne?
Nich wirklich?› Was soll man da noch sagen?» Ich wusste
es auch nicht. «Da denken Sie wohl irgendwann: Schluss
mit lustig!», sagte ich und wollte sie aufmuntern: «Für *Sie*
doch kein Problem!»

Sie lächelte immer noch. «Nee – ne? Nich wirklich?»,
wiederholte sie im Tonfall ihrer Süßen und hob ein wenig
die Hand: «Alles klar! Kein Problem!»

Kleiderfragen Als Kind bin ich beim Märchen «Des Kaisers neue Kleider» doch arg ins Grübeln gekommen. Die Vorstellung, dass ein König Kleider trug, schien mir sonderbar. Das war doch was für Mädchen und Frauen. Erst auf dem Umweg über so nüchterne Worte wie Kleiderschrank oder Kleidersammlung muss ich darauf gekommen sein, dass Kleider auch gleichbedeutend mit Kleidung sein kann. Weniger leicht ging es mir hingegen ein, dass ein Mann auch einen Rock anhaben könne. Auch daran aber gab es keinen Zweifel. Ein Soldat trug «des Königs Rock», und im Märchen konnte man lesen, dass ein Mann seinen Rock auszog und ihn über den Stuhl legte. Seine Jacke.

Damals ging es eben noch nicht um jene Alternative, vor der heutzutage morgens jede Frau steht, «Hose oder Rock?», sondern um die Kombination «Hose *und* Rock», die dem gut gekleideten Manne selbstverständlich war. Längst sagt man Hose und *Jacke*. Oder man spricht vom Anzug. Das ist dann Jacke wie Hose. Sie werden mir erlauben, auch noch auf all die kindlichen Zweifel zu kommen, die das Wort «Anzug» in mir weckte, als ich zum ersten Mal hörte, dass eine Krankheit im Anzug sei. Sogar Gefahr konnte im Anzug sein. Armer Anzug.

Im Herrengeschäft erröte ich, wenn ich mal wieder gesagt habe: «Ich suche eine Jacke» und dann zu den Parkas, Anoraks oder Windjacken geschickt werden soll. «Sakko nennen wir das», höre ich, wenn ich darauf beharre, hier richtig zu sein, «man spricht auch von Jackett.» Wenigstens weiß ich, dass ich das Ding nicht Rock nennen darf.

Und ich ahne ebenfalls, dass ich, inzwischen doch im Tiefgeschoss stöbernd, nicht verlangen darf, zur praktischen Windjacke auch noch eine passende Windhose zu erwerben, und denke voll Mitgefühl an die Ausländer, die danach fragen könnten (vielleicht nach der Marke Tornado oder Hurrikan). Auch sonst haben sie es schwer. Warum es zum Beispiel im Deutschen lange nur den Schlafanzug oder das Nachthemd gab, man aber niemals aus Versehen ein Schlafhemd oder einen Nachtanzug erwerben oder gar anziehen konnte, ist mir unklar. Inzwischen gibt es das Schlafhemd. Die Werbung brauchte wohl dies neue Wort.

Wie es richtig ist, habe ich, wenn es um Kleiderfragen geht, nie völlig begriffen. Als unsere Töchter klein waren und ich ihnen beim Anziehen half, indem ich fragte: «Wo hast du dein Hemd?», protestierten sie: «Das ist kein Hemd, das ist eine Bluse.» Oder wenn ich von Strümpfen redete, waren es Socken, und sprach ich von Schuhen, meinte ich bestimmt Sandalen. Ein guter Ratgeber bin ich also nicht.

Doch eins weiß ich: Zu Beginn eines festlichen Balles gibt man tatsächlich seine Garderobe an der Garderobe ab und ordnet auf der Toilette seine große Abendtoilette. Was uns an den Kurgast erinnert, der seiner Wirtin verzweifelt entgegenrief: «Was soll ich mit einem Toilettentisch?»

Einen Rat möchte ich Ihnen doch noch auf Ihren Lebensweg geben. Wenn Sie auf besagtem Balle Ihre Nachbarin im teuren schwarzen Kostüm dastehen sehen, sollten Sie ihr nicht zuflüstern: «Sie haben sich ja wieder wunderbar kostümiert.»

Schöpfen, schaffte, geschafft Der Schöpfer schuf die Welt. Soviel steht fest, aber wehe, wenn wir an den Satz rühren. Es ist fast unmöglich, ihn in die Gegenwart zu bringen. Würde er dann heißen «Gott schafft die Welt»? Wenn wir uns zurückversetzen könnten in die berühmten ersten sieben Tage, dürften wir vielleicht fragen: «Was machst du gerade?» Und wenn nun Gott Deutsch mit uns sprechen sollte, würde er wohl antworten: «Ich schaffe die Welt.» Was uns weiterhin ratlos sein ließe. Denn das sagen wir nicht so gern, allenfalls «der Schöpfer *er*schafft die Welt». In der Vergangenheitsform hingegen ist es klar: Der Schöpfer schuf, er hat geschaffen.

Gehen wir stattdessen in das Atelier einer großen Künstlerin. Schafft sie gerade ein Kunstwerk? Das klingt ungewohnt, wäre aber durchaus richtig. Man sagt daher, um eindeutiger zu sein, lieber auch hier: «Sie *er*schafft ein neues Werk.» Im Atelier ist ebenfalls erst die Vergangenheit die sichere Seite: Sie schuf ein großes Œuvre.

Die Tücke bei diesem Schaffen ist, dass es das Verb zweimal, jedenfalls in zwei Bedeutungen, gibt. In der Gegenwart lauten beide «schaffen», und erst dann trennen sie sich in «schaffen, schuf, geschaffen», während das andere Verb «schaffen, schaffte, geschafft» heißt. Einmal bedeutet es also «hervorrufen, bewirken», das andere Mal nur «etwas erreichen, etwas hinbekommen» oder auch einfach «arbeiten».

Dieses andere Verb ist mehr etwas für uns Sterbliche. Da sagen wir: «Ich schaffe das!» Oder: «Gerade noch geschafft!» Was so ähnlich auch von den bekannten Häuslebauern gilt, die immer «Schaffe, schaffe!» rufen. In Süd- und Westdeutschland heißt dieses «schaffen» soviel wie «arbeiten», den Arbeitsanzug nennt man dort «Schaffanzug».

Leute, es ist traurig, aber die Menschheit teilt sich ein in die Glücklichen, die am Abend sagen können: «Ich habe was geschaffen», und die anderen, die nur murmeln dürfen: «Ich habe es geschafft!» Das ist ungerecht. Schaffen tun sie beide, aber was für ein Unterschied!

Ich sagte, das Einzige, was feststeht, ist der Satz: «Der Schöpfer schuf die Welt.» Wacklig wird jedoch alles wieder schnell, sobald wir fragen: Warum nennt man im Deutschen den Schöpfer ausgerechnet «Schöpfer»? Das ahnt niemand. Er lief nicht mit der Schöpfkelle umher oder war sonst schöpfend tätig. Wir, seine Kreaturen, sind auch nicht wie jenes Büttenpapier, von dem man in der feineren Ausgabe sagt, es sei «geschöpft». Nein, er hat uns nicht geschöpft, sondern geschaffen. Schon gar nicht konnte er damals aus dem Vollen schöpfen, sondern musste bekanntlich alles aus dem Nichts schaffen. Also, warum heißt er auf Deutsch Schöpfer? Diese Frage können Germanisten nicht beantworten, jedenfalls nicht erschöpfend.

Nur eins ist schnell zu erkennen: Vom Wort Schöpfer sind wiederum die «Schöpfung», das «Geschöpf» und das schöne Wort «schöpferisch» abgeleitet. So führt die Wortgeschichte zu solchen Gegensätzen wie Schöpfer und Schaffner, Geschäft und Geschöpf. Doch alles geht aufs Schaffen zurück.

Die Schöpfung ist, fürchte ich, aber weitgehend vergessen. Die Zeiten ändern sich. Jahrhundertelang haben die Menschen gesagt: «Ich bin vom Schöpfer vollkommen geschaffen.» Jetzt hingegen sagen sie meist: «Ich bin erschöpft und vollkommen geschafft.»

Ein Kindskopf seit der Kindheit Ein Schriftsteller und Meister der deutschen Sprache saß mit seiner recht aufgeweckten Tochter Marie beim Abendbrot und sah gelangweilt in die Luft. «Warum heißt es», fing das Mädchen an, «eigentlich Königskrone? Ich meine, warum ist da ein ‹s› drin?» Der Vater konnte es erklären: «Weil das ein Genitiv ist, Krone des Königs, des Königs Krone.» Es gab eine lange Pause, bis sich Tochter Marie besonnen hatte: «Man sagt aber Königreich.»

Der Schriftsteller wischte das weg. «Eine kleine Geschmacksverirrung», sagte er, «so ein Genitiv ohne s. Überhaupt: Geschmacksverirrung, eine Verirrung des Geschmacks. Du siehst, meine Regel stimmt.» Marie ergänzte halblaut: «… aber Geschmacklosigkeit.» Das konnte den Vater nicht aus der Ruhe bringen. «Manchmal sind die Genitive falsch gebildet. Aber meine These ist schon richtig. Der Jagdhund ist korrekt, denn es ist ein Hund *der* Jagd, die Jagd hat kein s im Genitiv. Daher: Jagdhund.»

Um vom Thema abzulenken, fragte er Marie: «Wie war dein Tagesausflug?» Aber damit gab er ihr nur eine neue

26   Vorlage. «Steht alles schon in meinem Tagebuch», sagte sie spitz. Zuerst stutzte der Vater, dann konnte er das erklären: «Der Tagesausflug ist der Ausflug des Tages, Genitiv. Im Tagebuch wird über viele Tage berichtet. Akkusativ.» Bald bekräftigte er seine Regel: «Am Wegesrand steht ein Wegweiser. Einmal ist es der Rand des Weges, Genitiv. Das andere Mal weist der Weiser den Weg. Akkusativ. Die Sprache macht das schon richtig. Am Wegesrand ein Wegweiser.»

Inzwischen hatte sich der schwedische Logierbesuch mit an den Tisch gesetzt. Der Schriftsteller war erfreut, einen weiteren Schüler zu haben. «Der Gottsucher sucht Gott, Akkusativ. Der Gottesleugner ist ein Leugner Gottes. Genitiv. Unsere Sprache ist da sehr feinfühlig.»

Dem Schweden wurde etwas unbehaglich. «Wer mühsam Deutsch gepaukt hat wie ich, wundert sich, dass es einerseits Todsünde heißt, andererseits Todesstrafe. Oder dass ein Gesetzentwurf einmal Gesetzeskraft erlangen soll. Aber wir haben gelernt, das sei niemals ein Genitiv. Es gibt auch keine Regel, warum das s mal auftritt und meist fehlt. Es ist ein Fugen-s, ein Buchstabe ohne Bedeutung.»

Verlegenheit breitete sich aus. «Sie sind ein bedeutender Schriftsteller», tröstete der Schwede seinen Gastgeber, «und ich kann kein Deutsch, ich kenne nur die Regeln.» Mit seinen Blicken tröstete er den Gescheiterten. Der Vater rief: «Ich bin ein Kindskopf, seit meiner Kindheit» und beugte sein Haupt. «Ja, das sind wir alle, seit frühen Kindertagen», meinte sanft der Schwede. Und alle staunten über die Fülle der Fugenzeichen. «Seit Kindertagen», wiederholte der Schriftsteller.

«Niemand kann», flüsterte der Gast beruhigend, «seine Muttersprache beherrschen. Sie selbst soll es sein, die herrscht.» «Genau! So seh' ich das auch», sagte Marie, «von Kindesbeinen an.»

Setzen, Liegen, Stehen Unsere Sprache unterscheidet
manchmal ganz schön feinsinnig. Was ist der Unterschied zwischen einem Schrift*steller*
und einem Schrift*setzer*? *Stellt* der eine die Schrift, und der
andere *setzt* sie wieder? Nein, so ist es wohl nicht. Doch bei
dem Versuch, das zu erklären, kommt selbst der Verleger in
Druck und der Drucker in Verlegenheit.

Was wird im Deutschen *gesetzt*, was *gelegt*, was *gestellt*?
Von einem Kaufpreis sagen wir, er sei festge*setzt* worden.
Die Gebührenordnung hingegen hat die Verwaltung so
festge*legt*, die liegt also. Und Tatsachen werden festge*stellt*.
Die scheinen also zu *stehen*.

Wenn wir nicht schon Deutsch könnten, wüssten wir
wirklich nicht, worin der Unterschied besteht, ob ich sage:
«Der Anzug *sitzt*» oder behaupte: «Der Anzug *steht* mir.»

Ich frage mich auch: Ist es etwas anderes, ob ich sage, ich
liege mit jemandem in Streit oder ich *stehe* mit ihm in Aus-
einandersetzungen? (Da stehe ich doch lieber, schon weil
jemand, der liegt, bald unterliegen könnte.) Der gleiche Unterschied besteht zwischen meinen Behauptungen, die
einem erheblichen Zweifel unter*liegen*, und mir selbst, der
ich ständig in Verdacht *stehe*. Was man mir natürlich nur unterstellt. Manchmal *laufe* ich sogar. Bei meinen Grübeleien
über die Sprache laufe ich zum Beispiel Gefahr, überall an-
zuecken.

Nein, dann möchte ich doch lieber in Gefahr *schweben*,
bis ich ihr er*liege*. Warum sagt man von Verletzten immer
dasselbe, nämlich sie *schwebten* (oder schwebten nicht) in
Lebensgefahr? Wer so gefährdet ist, soll wenigstens nicht
liegen müssen, sondern schweben dürfen, denke ich mir.
Wer im Deutschen liegt, liegt hingegen in guter Gesellschaft. Es *liegen* bei uns selbst die schnellsten Pferde, zum
Beispiel gut im Rennen. Das beste Pferd liegt sogar an der
Spitze; und wenn es da liegt, *legt* es sich noch mehr ins
Zeug, bis es am Ende doch *fällt*, nicht zu Boden, aber zu-
rück.

Etwas anders ist es allerdings mit dem Auto. Neulich ist

es mir passiert, dass der Motor *stand*. Der Wagen selbst aber stand nicht nur, er blieb regelrecht *liegen*. Am Straßenrand. Und meine Reise? Nun, die *fiel* sogar – und zwar flach. Hauptsache, der Motor bleibt nicht *laufend* stehen.

Die Sprache enthält schon merkwürdige Bilder, sogar recht widersprüchliche. Ich frage Sie, wie kann man eine Entscheidung, die längst *gefallen* ist, noch einmal *umstoßen?* Im Deutschen geht das irgendwie. Ja, es *geht*, das *steht* fest.

Oder nehmen wir den Vor*stand* eines Unternehmens. Diese Leute im Vorstand *stehen* also – wenn auch vor. Wer lange genug im Vor*stand* gestanden hat, darf endlich *sitzen*. Er wird Vor*sitzender* des Vor*standes*, die anderen *stehen*, er *sitzt*. Diese Karriere erinnert mich an die Geschichte vom Einbrecher, der vor Gericht geständig war und verurteilt wurde. In der Zelle angekommen, wird er mit der Frage begrüßt: «Na, warum musst du *sitzen?*» Und er antwortet: «Weil ich *gestanden* habe!»

Mit Preisen ausgezeichnet Vor einiger Zeit ging ich in eine Kunstausstellung. Alle Bilder waren mit Preisen ausgezeichnet, offenbar war nur der Maler noch nicht ausgezeichnet, jedenfalls nicht ausgezeichnet worden. Denn jedes Kunstwerk hat seinen Preis, aber noch nicht jeder Künstler, ich meine: Nicht jeder hat den Preis bekommen, den er verdient. Doch da stand genau dieser Künstler, um den es hier ging, und strahlte, denn er sollte bei dieser Ausstellungseröffnung endlich mit einem Preis ausgezeichnet werden. Was mich grübeln ließ über Preise und Preise, die im Deutschen so gleich lauten.

Es gibt ja auch noch den Preis im Sinne von «Lob, Ehr und Preis!» Und diese Art von Preis, mit den genannten anderen Preisen gleichen Ursprungs, hatte unser Künstler schon reichlich genießen dürfen. Nun also auch was Handfestes.

Ich habe ihm diesen Preis gegönnt. Nicht nur den, den er

zu erzielen gewohnt war, sondern erst recht den, den er nun bekommen sollte. Unter den Künstlern ist ja manch ein gehaltvoller Mensch ohne Verdienst und manch verdienstvoller Mensch ohne Gehalt. Sie alle sollten deshalb nicht *preisgegeben*, sage ich mir, sondern ihnen sollte lieber ein *Preis gegeben* werden.

Doch einräumen muss ich: Es werden heute zu viele Preise gestiftet. Selbst das scheinen die Preise und die Preise gemeinsam zu haben. Auch die verliehenen Preise zeigen eine Inflation. Wie die auf den Preisschildchen. An den Preisen erkennt man eben, so oder so, die Entwertung durch eine Schwemme. Also noch einmal: Wie können wir Preis und Preis unterscheiden?

Es will kaum gelingen. «Jeder Mensch hat seinen Preis», sagen die Zyniker, die alle Menschen für käuflich halten. Nun hat auch dieser Künstler, dessen Ausstellung gleich eröffnet wird, den seinen. Der lässt sich sogar beziffern, denn auch beim verliehenen Preis fragt doch jeder: «Wie hoch ist er denn, der Preis?» Gleich wird man danach eingeschätzt. «Zehntausend, na, immerhin!» Preis ist, so scheint es, doch gleich Preis. Und jeder hat seinen oder hätte ihn doch gern.

Da vorne steht er nun, der neue Preisträger. Seine Werke tragen schon einen Preis, er jetzt bald auch. Wo ist der Unterschied? In dem Wunsch, den Künstler endlich von seinen Kunstwerken abzugrenzen, könnte man behaupten, er sei nun *preisgekrönt* – aber Verzeihung, das sagt man wohl eher von der Zucht-Sau und dem Perser-Kater.

Wie rücken wir ihn, den Preisträger, bloß ab von seinen käuflichen Werken? Das ist schwer, denn in der Sprache gleicht so ein Preisträger selbst den gängigen Waren in jedem Laden, wo es doch auch gern heißt: «Alles ist mit Preisen ausgezeichnet.»

Und doch, die Künstler sind es auf ihre *eigene* Weise. Um das zu erkennen, muss man nur auf die Betonung achten. Sie möchten nicht nur *aus*gezeichnet werden, sondern gern auch ausge*zeich*net sein. Was viel verlangt ist, weil umgekehrt nicht jeder ausge*zeichn*ete Mensch auch nur einmal in seinem Leben *aus*gezeichnet wird. Und zum Trost für alle ungepriesenen und doch ebenso preiswerten wie preisenswerten Mitmenschen sei es gesagt: Nicht jeder mit Preisen *Aus*gezeichnete hat auch Ausge*zeichn*etes geleistet.

Sieger, Gewinner, Preisträger Nichts an der Oscarverleihung ist so spannend wie der Briefumschlag und die Worte «The winner is …» Das wird bei uns gern auf Englisch zitiert, weil es schlecht zu übersetzen ist. Doch werden Sie mir widersprechen und sagen, wir hätten doch das Wort «Gewinner». Ja, schon, aber genau dies hat seine Schwierigkeiten.

Zuerst will ich jedoch von jenem urdeutschen Wort reden, das man hier keinesfalls verwenden kann: «Der Sieger ist …» Das Wort Sieger ist megaout, und darüber kann man sich nur freuen nach allzu viel «Sieg Heil» und Endsieg. Selbst im Sport ist die Siegerehrung arg veraltet, da geht es längst um Medaillen, Trophäen und Preise. Der alte Sieger hat heutzutage «Gold geholt», was doch ein Fortschritt ist.

Und wenn man solch ein Edelmetall gewonnen hat, ist man dann nicht doch auch der Gewinner? Genau das ist die Frage. Das Wort haben wir in neuer Bedeutung aus dem Englischen übernommen, um den schrecklichen Sieger zu vertreiben. Und daher sprechen wir im englischen Sinn unter Filmleuten vom «Gewinner des Goldenen Bären» und auch des Oscars. Das geht natürlich. Aber es schimmert noch durch, dass wir früher einen «Gewinner» eigentlich nur bei der Lotterie kannten. Er bekam den Hauptgewinn. Und wenn man diese Gewinnsucht anderer schlecht machen wollte, nannte man einen, der was einstrich, einen Gewinnler, etwa einen Kriegsgewinnler.

Das Verb «gewinnen» hingegen hatte immer eine etwas breitere Bedeutung, wie schon die Frage zeigt: «Und wer hat gewonnen?» Gewinnen kann man einen Wettlauf oder ein Kartenspiel. Auch einen ausgeschriebenen Wettbewerb, wenn man den ersten Preis gemacht hat. Früher war man in all diesen Fällen übrigens Sieger. Und heute ist man eben … Ja, was ist man? Notgedrungen: Gewinner.

Und warum sagt man nur ungern Oscar-Gewinner? Weil sich ja niemand um den Oscar beworben hat, und nur wo Wettbewerb oder Glück herrschen, kann man im Deutschen gewinnen. Also wäre *gewinnen* hier kein passendes Wort. So umschreiben wir das lieber: «Sie hat den Oscar bekommen.» Und was ist sie dann? Eine Oscar-Bekommerin? Nein. Eher schon eine Oscar-Preisträgerin.

Ja, zumindest bei den gehobenen Preisen ist man Träger. Nobelpreisträger etwa. Niemals würde der schwedische König sagen: «Und diesen Preis haben Sie gewonnen», als wäre es eine Tombola. Auch bei anderen Preisen ist man nicht Gewinner, man ist Träger, etwa (als Dichterin oder Dichter) des Büchnerpreises.

Was nun auch wieder blöd ist. Träger? Eigentlich werden nur Orden getragen. Einen Preis trägt man weder am Revers noch um den Hals. Das Wort Preisträger ist also ebenfalls eine, wenn auch alte Verlegenheitslösung. Immerhin wird ein so Ausgezeichneter damit in die Reihe der Ordensträger aufgenommen. Und tatsächlich, Auszeichnungen trägt man ja. Nur keine Preise, es sei denn, man soll verkauft werden. Manche sagen auch, der Preis sei ihnen «verliehen» worden, da sind wir schon wieder bei Orden und Titeln. Passen will nichts.

Damit kommen wir zu dem traurigen Schluss, dass wir im Deutschen kein ganz richtiges Wort haben – ausgerechnet für unsere Elite, für diese Siegertypen, diese Gewinner und Träger. Nur eins ist sicher: Die haben alle schwer abgeräumt. Und sehr gewonnen.

Kleine Berufskunde In einer Notiz am Ende des Zeitungsartikels war zu lesen, der Autor sei *Medienwissenschaftler*. Meine Achtung stieg deutlich, der Mann ist also Wissenschaftler! An welcher Uni mag er forschen? Auf diese schöne Bezeichnung falle ich immer wieder herein. Wird mir eine junge Frau als Musikwissenschaftlerin genannt, so denke ich ebenfalls sogleich an die hohe Wissenschaft. Und dabei sollte man doch ahnen: Es liegt jeweils am Fach, das beide einmal studiert haben und das auf «-wissenschaft» endet. Medienwissenschaft, Musikwissenschaft! Daher bleiben alle diese glücklichen Absolventen ihr Leben lang eins, Wissenschaftler.

Einer anderen Spezies unter den Akademikern geht es wirklich anders. Wer «Sozialarbeiter» genannt wird, ist ja an sich kein Arbeiter, er hat nur das Fach Sozialarbeit studiert. Und bleibt nach dem Examen sein Leben lang Arbeiter. Nun sind diese Leute ja sehr sozial eingestellt und tragen ihren proletarisch wirkenden Titel sicherlich wie einen Orden. Es ginge daher zu weit, ihr Fach, obwohl es dann echt akademisch klänge, in «Sozialismus» umzubenennen.

Andere Fachrichtungen konnten sich hingegen noch ein wenig aufwerten. Seit die Anrede «Sie Pädagoge!» irgendwie einen eigentümlichen Klang angenommen hat, nennen sich die Absolventen dieses edlen Studiengangs gern «Erziehungswissenschaftler». Ich erkläre mir das mit der Vermutung, sie seien wissenschaftlich tätig. Nur eben an der Grundschule. Schlechter getroffen haben es die alten Kindergärtnerinnen, die einst ihre Berufsbezeichnung lächerlich fanden und sich fortan «Erzieherinnen» nannten. Sie ahnten nicht, wie verdächtig bald unter Achtundsechzigern das Wort «erziehen» klingen sollte.

Entscheiden müssen sich auch junge Leute, die Betriebswirtschaft studieren. Die einen werden am Ende Kaufmann heißen, genauer Diplomkaufmann. Die anderen, die mit dem kürzeren Studium, nennen sich Betriebswirt, was nun wieder an den bekannten Wirt erinnert und deshalb gern vermieden wird. Nur wie? Auch da würde sich «Betriebswissenschaftler» anbieten. Sie wissen schon …

Noch weiter geblickt haben die Leute, die statt eines Betriebes nur die Hauswirtschaft zu ihrem Thema machen wollten und ihr Fach lieber gleich ins Griechische übersetzten, so dass man von Ökotrophologen spricht, was noch besser klingt als – sagen wir «Philosophen». Übrigens, die Philosophen, das ist ein Völkchen mit Geschmack, denn kaum einer von ihnen sagt, er sei Philosoph. Die Ehrfurcht vor Sokrates und Co. erweist sich als zu groß. Man sagt, die Augen niedergeschlagen, man habe Philosophie «studiert».

Die akademische Ausbildung kann man sich gleich sparen, wenn man Numismatiker ist oder Philatelist. Was haben diese Worte für einen Klang! Und selbst Alkoholiker, Apoplektiker oder Asthmatiker können noch für studierte Leute durchgehen. Edel klingt auch «Verschwörungstheoretiker», fast wie «theoretischer Physiker». (Gemeint sind jedoch jene Autoren, die absurde Verschwörungstheorien aushecken.)

Nur einen einzigen Fachbereich hat es wirklich schwer getroffen. Das sind die Gelehrten, die sich mit dem Islam beschäftigen. Sie hießen bis vor kurzem Islamisten. Und werden das geändert haben. Wahrscheinlich sind das nun alles, klar, Islamwissenschaftler.

Nervös statt muskulös Ja, wie soll ich es denn nun richtig machen? Meine Kollegen rühmen diesen blöden Stuntman, der über fünf Autos fliegt, als einen «Mann ohne Nerven». Wieso denn? Wenn ich mal wieder die Nerven verloren habe, dann bin ich doch auch ein Mann ohne Nerven, ich meine, sie sind ja verloren gegangen. Aber bewundert werde ich dafür nicht.

Nein, Nerven soll man haben, soviel ist auch mir klar. Also ist es mit dem Mann «ohne Nerven» schon mal gar nichts. *Haben* soll man sie, nur nicht zeigen. Das verstehe einer. «Er hat mal wieder Nerven gezeigt», wenn ich das schon hinter mir flüstern höre! Die Nerven müssen so etwas Ähnliches wie Reichtum sein, den man ja auch haben, aber nicht zeigen soll. Gemeinsam haben Nerven und Reichtum jedoch nur dies: Der Unterschied von Haben und Zeigen ist entscheidend.

Klar, wer Nerven zeigt, wird sie auch bald verlieren, wo doch alles darauf ankommt, sie zu behalten, zu bewahren und sogar zu beweisen. Ja, beweisen! Es ist schon sonderbar, dass ich Nerven beweise, wenn ich sie gerade nicht zeige. Wie soll ich etwas beweisen, ohne es zu zeigen? Das geht nur bei den Nerven. Übrigens, bevor ich sie verliere, liegen sie, so wird behauptet, bei mir erst mal «blank». Eine Übertreibung, die mich an grässliche anatomische Darstellungen erinnert. Das mag ich nun gar nicht. (Aber ruhig bleiben, reine Nervensache.)

Verwirrend ist für mich auch: Nur Nerven werden nicht gezeigt, Muskeln schon. Ich habe etwas dagegen, dass ich muskulös sein soll, aber nicht nervös sein darf. Muskulös, nervös – ich bitte Sie, das ist doch in mancher Hinsicht fast dasselbe. Mein schlimmster Konkurrent ist ein Muskelpaket, ich bin ein Nervenbündel. Leider, leider, die Nerven stehen im Deutschen nicht in hohem Ansehen. Da möchte man als Nervöser entnervt aufgeben.

In jeder hitzigen Debatte kommt es mir allerdings darauf an, den Nerv zu treffen. Da muss ich nur gewaltig aufpassen: allein den Nerv der Sache! Am besten gleich den «nervus rerum», den manche mit dem Geld gleichsetzen. Den Nerv der Kollegen treffen, das sollte ich lieber nicht. Sonst höre ich wieder, ich fiele denen auf die Nerven («Du nervst!»). Da lauschen die lieber dem absoluten Langweiler, den ich einfach nervtötend finde. Der echt nervig ist! Ich geb's auf.

Kaum schweige ich, schon heißt es, ich sei «undurchschaubar». Wieder wird mir damit ein Wort der heikelsten Sorte angeklebt. Es ist wirklich kein Lob, als undurchschaubar zu gelten. Schlimmer wird es nur, wenn mein Schweigen bald auch noch «leicht zu durchschauen» genannt wird. Ich lächle beleidigt. Gleich heißt es, das sei ein undurchsichtiges Manöver, bis jemand das noch überbietet mit der Schmähung: «Ein ziemlich durchsichtiges!» Offenbar eine Zwickmühle. Nun heißt es für mich: Nerven behalten, aber nicht zeigen; transparent wirken, ohne durchsichtig zu erscheinen.

In dieser Glosse jedoch, das haben Sie, verehrte Leserinnen und Leser, längst gemerkt, versuche ich (damit es gleich nicht so weh tut), auf Sie nervtötend zu wirken. Eine Narkose! Bevor ich Ihnen dann den letzten Nerv raube.

Schweigend ins Gespräch vertieft Ein Scherzgedicht, das Unvereinbares zusammenfügt, hat mich seit früher Jugend begleitet: «Dunkel war's, der Mond schien helle, / grün war die beschneite Flur, / als ein Auto blitzesschnelle / langsam um die Ecke fuhr ...» So beginnt es. Gut, ich habe ja immer verstanden, dass es sich hier um komische Unmöglichkeiten handelt, aber ich hatte damit meine geheimen Schwierigkeiten. Denn ich konnte mir das alles mühelos vorstellen, sah die Bilder vor mir, und sie bewegten sich auch noch ganz anschaulich.

Es war also dunkel, aber der Mond schien helle. Ist das nicht eine genaue Beschreibung der Wirklichkeit? Es muss doch dunkel sein, damit der Mond hell scheint. Erst so ergibt sich dies Hell-Dunkel, das wir nicht nur bei Rembrandt so lieben. «Grün war die beschneite Flur», ja, Herrschaften, ist es denn nicht im Winter meist so? Da liegt wohl Schnee, aber eben auf eigentlich grüner Flur. Das habe ich immer so vor Augen gehabt.

Und dann das Auto! Natürlich fährt es blitzschnell, wird aber in der Kurve langsam. Ich sah das vor mir wie eine Filmszene. «... als ein Auto blitzesschnelle langsam um die Ecke fuhr.» Hätte man es, frage ich Sie, besser beschreiben können? Heute wird mir allerdings klar, dass ich als Kind selber unlogisch formuliert haben muss, vieldeutig wie die Wirklichkeit. Wohl deshalb bekam ich in deutschen Aufsätzen nur allzu oft eine schlechte Note. Was ich nicht verstehen konnte. Bei mir fügte sich wohl so manches zusammen, was ich anderen nicht als Einheit vermitteln konnte, schon gar nicht dem Lehrer.

«Drinnen saßen stehend Leute», so geht das Gedicht

weiter, «schweigend ins Gespräch vertieft, / als ein totgeschossener Hase / auf der Sandbank Schlittschuh lief.» Ja, ich bitte Sie! Für mich war das Innere des Autos nie ein Problem. Ich sah die Leute vor mir: Alle hatten eine zwar seltene, mir aber gut vorstellbare Position eingenommen: Sie saßen halb stehend. Ich dachte wohl an einen kleinen Autobus, in dem Gedränge herrscht.

Gar die folgende unvergleichliche Zeile «schweigend ins Gespräch vertieft»! Also, das war geradezu mein Ideal. Gibt es eine schönere Tiefe, wenn man wirklich ins Gespräch gekommen ist, als das Schweigen? Schweigend ins Gespräch vertieft. Wer sollte daran etwas auszusetzen haben? (Vielleicht bin ich ja nur Theologe geworden, weil sich mir das meiste Ungereimte noch irgendwie reimt.) Aber ist nicht auch wahre Poesie so vieldeutig – und muss es sein?

Das erweist besonders die Fortsetzung. Dieser totgeschossene Hase, der auf einer Sandbank Schlittschuh läuft! So klingt für mich Dichtung. Ein wenig surrealistisch, zugegeben (man könnte auch metaphysisch sagen). Aber Lyrik ist es! Auf der Sandbank Schlittschuh laufen. Damit ist die Krönung der Fantasie erreicht. Und genau das wollte man mir, fürchte ich, in der Schule austreiben.

Mir nicht! Auch wenn Sie mich jetzt doch gern (ich merke das ja!) zur Logik überreden wollen … Gut, so kommen wir ins Gespräch. Sitzend stehend. Vor allem jedoch schweigend. Es soll ja ein tiefes Gespräch werden.

K.-o.-Ticker im Mini-sterium Wahrscheinlich nur Legende ist jener Boxfan, der gerufen haben soll: «Der Kampf endete chaotisch», womit er auf den K. o. hinweisen wollte. Wir müssen annehmen, dass sich ihm auch der Chaotiker als einer erklärte, der einen Kollegen nur anzuticken braucht, und schon ist der K. o., getroffen von einem K.o.-Ticker. Alles Legende, aber missverständlich sind manche Fremdwörter wirklich.

Wenden wir uns doch gleich der Scherzfrage zu, was «ästhetisch» bedeute. Nun ja, sagt der Kalauer, das ist ein Tee-Tisch, an dem man auch essen kann, ein Ess-Tee-Tisch eben. Und ich hoffe, Sie haben zu Hause auch so'n Ding. Sehr ästhetisch, nehme ich an.

Ebenfalls nicht ganz verbürgt ist, dass zu Apo-Zeiten der schöne Glaube umging, eine «Demo» sei das Urbild der Demokratie. «Demokratie» heiße nämlich übersetzt «Demo-Herrschaft». Wer dieser Deutung nicht folgen mochte, hielt die Demo wohl eher für eine Kurzform von «demo-lieren». Die Teilnehmer jedoch trafen sich anschließend im Stammlokal, genannt die Apo-theke, und philosophierten darüber, dass alle Profis natürlich nur auf Profit aus sind. Wie gesagt, Legenden.

Aber richtig ist: Wenn man antike Wörter an der falschen Stelle trennt, ergeben sich neue Bedeutungen. Das gilt auch von der scherzhaften Klage eines Justizministers, sein Haus sei leider nur ein Mini-sterium. Wo doch im Lateinischen ein Minister ohnehin bloß ein Diener ist, was keinem Minister schmecken kann.

Wahres Pech hingegen hatte eine Einrichtung, die 1919 von Lenin gegründet wurde und «Kommunistische Internationale» hieß. Der Name war natürlich zu lang und wurde offiziell zu «Komintern» verkürzt. Echtes Pech. Es mag naheliegen, das Wort «international» zu lang zu finden, aber wenn man es zu «intern» verstümmelt, kommt das Gegenteil heraus. Das scheint kaum jemand bemerkt zu haben. Doch der Name bewahrheitete sich, denn die Komintern diente, statt international zu sein, meist internen Machtkämpfen.

Ebenfalls nicht ganz glücklich ging es zu, als aus der Petrolchemie, nur weil es sich besser sprechen lässt, die Petrochemie wurde, ganz offiziell. Petro? Klingt nach dem griechischen Fels oder Stein. Die Petro-Chemie wäre dann die «Chemie der Steine», das könnte man denken. Doch gemeint ist die Chemie des Erdöls, des «Petr-oleums». Da haben wir viel Pech, gerade auf das «l» käme es an. Im Wort *Petrochemie* ist nur noch Stein drin und nicht mal ein Tropfen vom Öl.

Ganz in Ordnung hingegen ist die gute alte Kakophonie, der Missklang, ein Wort, das durch Bundeskanzler Schröder wieder in Gebrauch kam, der in seiner Partei Kakophonie wahrnahm. Auf Griechisch bedeutet «kakos» einfach: schlecht. Freilich gibt es dort auch ein Verb «kakkan», das genau dem deutschen «kacken» entspricht. Vom besagten griechischen Verb kommt nicht unser Kakao, der indianischen Ursprungs ist. Wohl aber geraten wir bei der Redensart «jemanden durch den Kakao ziehen» wieder in die Nähe dieser Bedeutung, denn hier steht der Kakao verhüllend für die Kacke.

Bei so viel Anklängen ist es kein Wunder, wenn deutsche Ohren bei der «Kakophonie» zur Fehldeutung verleitet werden. Doch auch nach der neuen Rechtschreibung wird Kakophonie nicht mit «ck» geschrieben.

III · Dumm gelaufen

Da fragen Sie mich zuviel! Wenn Eduard S., genannt Schlagring-Ede, mal wieder von der Polizei vernommen wird, dann murmelt er – ebenso geknickt wie unschuldig –, er könne sich das blutige Ereignis gar nicht erklären. «Der muss mir direkt in die Faust gelaufen sein», versichert er und bedauert das Missgeschick. Die Polizeibeamten schmunzeln nur, denn das kennen sie schon, die aktive Rolle hat immer der andere.

Und man muss zugeben, wir Autofahrer machen es nicht viel anders, jedenfalls dann nicht, wenn wir einen Unfall hatten. «Da ist mir doch», beklagt sich der Fahrer mit der sportlichen Note, «so ein Junge plötzlich vor den Wagen gesprungen.» Wir können nicht wissen, wie es gewesen ist. Aber wir merken, dass es darauf ankommt, den anderen zum Subjekt zu machen.

Der Lokalredakteur einer Tageszeitung soll berichten, dass ein Auto und eine Stadtbahn zusammengestoßen sind. Nun kommt es darauf an, wie er die Überschrift formuliert. Er probiert: «Stadtbahn stieß mit Auto zusammen». Wie klingt das? Es klingt so, als hätte der Bahnfahrer Schuld. Wenn der Lokalredakteur schreibt: «Auto stieß mit Stadtbahn zusammen», war es der Autofahrer. Da können wir nur hoffen, immer genau informiert zu werden.

Gibt es auch neutrale Wendungen? Doch. Nehmen wir an, Polizisten und Einbrecher haben aufeinander geschossen, aber man weiß nicht, wer zuerst auf wen. Um das offen zu lassen, schreibt der Journalist einfach: «Es kam zu einem Schusswechsel.» In diesem Sinne ist es ja auch immer der Krieg, der ausbrach. Einfach so, ohne dass ein Schuldiger festgestellt wird.

Jemand anders verantwortlich machen, wenn etwas nicht klappt, das geht auch im Gespräch. Falls Sie mal eine Frage gar nicht beantworten können, dann vermeiden Sie bitte ein «Das weiß ich leider nicht». Nein, machen Sie Ihr Gegenüber zum Subjekt: «Da fragen Sie mich zuviel.» Wenn ich mal – zum Beispiel – verwirrt bin, sage ich einfach: «Jetzt haben Sie mich ganz durcheinander gebracht.»

Ein Paar hat sich kennen gelernt, und der neue Freund brummt beim ersten Date: «Wenn du keinen Knoblauch magst, hast du leider ein Problem, denn ich mag Knoblauch.» Wer hat hier ein Problem? Die Freundin, das stellt der Mann schon mal klar. Obwohl man es sich auch andersherum denken könnte. Und wenn der Abend nun auch noch übel ausgeht, der Kerl also wirklich Mist gebaut hat, weiß er, wie man festlegt, woran es gelegen hat: «Dumm gelaufen!» Die Beliebtheit dieser Redewendung ergibt sich deutlich aus ihrer eleganten Art, keine Schuld zuzuweisen. Es lief einfach dumm. «Es», das Schicksal. Es … Man selbst hat ja nur zugesehen.

Besonders schön aber finde ich, was man gelegentlich von älteren Studenten hören kann, denen in der Prüfung nicht alles gelingen wollte. Ist so jemand gescheitert? Keineswegs. Er macht schnell den Prüfer zum Subjekt und erklärt: «Der hat mich einfach durchfallen lassen.»

Falls sich jemand verletzt fühlt … Ein Radfahrer ist in der Innenstadt unterwegs, als sich knapp vor ihm die Tür eines parkenden Autos öffnet. Nur mit einem gewagten Schlenker kann er sich noch retten. Der Fahrer, nur leicht erschrocken, hat «ups!» ausgerufen, das frühere «hoppla!», steigt dann aus, sieht, wie der Radfahrer sich berappelt, und ruft, um dessen mögliche Reaktionen abzuwehren: «Cool bleiben!» Etwas später: «Ist ja nichts passiert.»

Im Großraumwagen eines ICE, der dicht besetzt ist, fällt von der Ablage ein mächtiges Gepäckstück herunter, das ein junger Reisender dort verstaut hat. Es trifft einen Mitfahrer leicht an der Schulter und erschreckt andere. «Das war keine Absicht!», ruft der Mann und versucht, das Gepäck erneut da oben reinzudrücken. Weil er fühlt, er müsse wohl doch noch etwas sagen, versichert er anschließend: «Das müssen Sie mir glauben!»

Der Versicherungsvertreter ist gekommen, die Verträge sollen geändert werden, wobei sich herausstellt, dass vor einem Jahr eine sehr ungünstige Nebenabsprache getroffen worden war. Ein echter Vermögensnachteil für den Kunden. Zu leugnen ist nichts mehr. «Das war nicht meine Absicht, das bitte ich Sie mir zu glauben», sagt der Mann bedrückt. Als habe der stille Vorwurf, der im Gesicht der Versicherten stand, eine Absicht unterstellt. Offenbar ist diese Beteuerung heute schon eine Spitzenleistung an Einsicht und Demut. Mehr geht kaum.

Das empfinden auch die Berater unserer Politiker so, wenn es darum geht, für die Öffentlichkeit eine sogenannte Entschuldigung zu verfassen. Der Politiker hat, nehmen wir mal an, einen Skandal ausgelöst, denn er hat die Ärzte beleidigt, indem er ihnen Habgier unterstellte. Nun muss man die Menschen draußen im Lande beruhigen. Das geschieht meist in drei Schritten.

«Es lag nicht in meiner Absicht», beginnt das Statement, «die Ärzte als habgierig zu bezeichnen.» Aha! Wieso nicht? Ja, er hatte ja nur gesagt, man *könne* sie zu Recht so nennen. Eben! Hat er sich diese Ansicht etwa zu Eigen gemacht? Nein! Wieso denn auch?

Nun muss, zweitens, aber noch so etwas wie eine Entschuldigung formuliert werden. «Wenn gleichwohl ein anderer Eindruck entstanden ist, entschuldige ich mich dafür ganz ausdrücklich …» Ein «entschuldige ich mich» klingt immer gut. Doch wofür entschuldigt er sich? Nicht für seine Worte, sondern für deren Wirkung bei anderen. Zu Deutsch: Ich find's schade, wenn Sie das falsch verstanden haben sollten! Ich entschuldige mich für Ihren Eindruck, für Ihr Missverständnis!

Drittens wird vom Publikum noch ein Bedauern erwartet. Darum heißt es nun: «Falls sich jemand durch meine Äußerungen verletzt fühlen sollte, so bedaure ich das.» Natürlich nur: falls! Falls sich jemand verletzt fühlt. Bedauert werden sodann nicht etwa die eigenen Worte, sondern wieder die Reaktionen der anderen. Auf Deutsch: Ich bedaure es, dass Sie sich beleidigt fühlen.

Der vierte, entscheidende Teil fällt ganz aus. Zurückgenommen wird nämlich kein Wort. Wieso auch? Entschuldigt hat er sich doch schon, ebenso sein Bedauern ausgesprochen! Allerdings immer nur für das Verhalten der anderen. Das muss reichen.

Ich bin ja nicht beleidigt, aber ... Ein Herr in den besten Jahren, grauer Flanell, stand vor Gericht. Er, der Selbstständige, sollte im Sportwagen einen anderen Fahrer auf der Autobahn genötigt haben. «Keine Rede davon», sagte der Erfolgreiche, vom Richter befragt, räumte er aber ein, er sei es in seinem Beruf gewohnt, «robust aufzutreten und sich notfalls auch massiv durchzusetzen». Also, ich muss sagen, mich freuen diese Worte. Es ist doch immer erfrischend zu beobachten, wie sich so ein Mensch selber sieht. «Robust» nennt er das und «massiv». Andere werden von ihm sagen, er gehe über Leichen, oder zumindest, er versuche es auf die brutale Tour.

Mehrfach ist er schon, wie er das nennt, in eine «Radarfalle» geraten, und man sieht dem Wort an, dass er sich unschuldig fühlt wie eine Maus, die man in eine Falle gelockt hat. Er sei eben ein «Verkehrssünder», sagt er und findet das niedlich. Er hatte eine Greisin angefahren. Wir sind doch alle Sünderlein!

Aber im Ganzen ist er ein Erfolgskerl. Daran sieht man, wie doch alles von zwei Seiten betrachtet werden kann. «Was?», würde er uns auf Vorhaltungen erstaunt entgegnen, «ich soll mit allen Tricks arbeiten und manchmal auch mit wenig legalen Mitteln?» Da ist er ganz erstaunt. Er sieht es so: «Man muss eben geschickt sein, 'n bisschen cleverer als andere und jede Chance nutzen.» Ganz unschuldig. Ein Typ, der kann so bleiben.

Nun glaube ich aber, dass jeder von uns sich ein bisschen nachsichtiger betrachtet, als er von anderen gesehen wird. Kann man ja auch niemandem verdenken, wenn er für sich die passenden Worte findet. «Ich bin eben ein offener Charakter», sagt ein forscher Kollege von sich selbst und findet das auch noch prima. «Immer geradeheraus, wenn's sein muss, auch schonungslos.»

Nehmen wir uns zur Abwechslung noch einen ganz anderen Typ vor, einen kleinen, stillen Angestellten. Wie sieht der sich? Er meint, man müsse doch im Leben ziemlich vorsichtig sein und alles ganz genau nehmen. Schön gesagt. Nur, seine Mitmenschen nennen das ängstlich und kleinlich. Und geizig soll der Arme auch noch sein, wo er doch von sich sagt, er denke eben wirtschaftlich und verhalte sich kostenbewusst, kurzum, er sei «sparsam».

Aber was rede ich immer von anderen, rede ich doch mal von mir. Sicher, manchmal bin ich über die Art, wie man mich behandelt, zu Recht empört. «Empört», so möchte ich das genannt wissen. Und die anderen? Die nennen mich dann «eingeschnappt». Werde ich zornig (und Zorn hat, finde ich, doch Größe), so nennen mich andere einen Wüterich, der immer gleich platzt. Also, offen gesagt, ich höre meine eigenen Bezeichnungen lieber.

Ich brauche bloß mal standhaft bei meiner Meinung zu bleiben, so gelte ich schon als bockig. Bin ich konsequent, so nennen sie mich verbohrt. Na ja, ich kann es gut hinnehmen, wenn ich so etwas zu hören bekomme. Ich bin ja nicht beleidigt! Aber – ich find's komisch.

Das war wenig hilfreich «Das Problem ist komplex», sagte der Ehemann zu seiner Frau, als beide, umgeben vom häuslichen Frieden des Wohnzimmers, in Verhandlungen eintreten wollten. Er wollte seine Geliebte fest etablieren. Sie rang um Fassung, er war Politiker und verwendete seine Fachsprache, mit der man immer so herrlich leise und zugleich entschieden auftreten kann. Vor allem gegen die eigenen Parteifreunde. Und noch einmal sagte er: «Ich stimme dir ganz zu, ja, die Sache ist komplex …» Ein sehr guter Auftakt, denn nun ist Gelegenheit, die eigene sogenannte Alternative zu entwickeln, die sich als reiner Widerspruch gegen das, was bisher galt, herausstellen wird.

Es folgt scheinbare Bescheidenheit: «Bislang ist es mir nur noch nicht in ausreichendem Maße gelungen, dir meine Vorstellungen zu verdeutlichen.» So spricht er und lockt auch gern spontan mit Lob: «Das wäre ein Schritt in die richtige Richtung.» Eben genau die Sprache der politischen Klasse, der Samthandschuh mit der Stahlfaust darin. Nur diesmal im Wohnzimmer.

Bald jedoch scheinen unserem Ehemann erste Warnungen nötig: «Deine Vermutung vermag ich kaum nachzuvollziehen. Dafür habe ich wenig Verständnis.» Er kann das. Und weil seine Frau immer noch widerspricht, sagt er: «Das wäre den Kindern und allen Verwandten doch wohl kaum vermittelbar.» Er drängt weiter, um endlich zu kontern: «Dann musst du dir die Frage gefallen lassen …» Aber seine Ehefrau bleibt stur.

Nun hält er doch diplomatisch verbrämte Rüffel für notwendig: «Das ist kein gutes Signal», tadelt er, und bald: «Diese Einlassung von dir war wenig hilfreich.» Ja, ja, immer sanft und diplomatisch. «Zur Qualität deiner Entscheidung möchte ich mich jetzt nicht äußern.» Seine Frau sitzt immer noch so unnachgiebig da. Also bekommt sie zu hören: «Ich finde, du wärst gut beraten, wenn du …» Ja, die hohe Politik. Man kennt das. Aber im Wohnzimmer fällt es einem erst richtig auf.

Und wo unsereiner vielleicht heftig protestieren würde, sagt ein politisch geschulter Mensch: «Ich möchte dich bitten, deine Entscheidung noch einmal zu überdenken.» Ja, so sprach auch unser Politiker nun zu seiner Frau. Eigentlich möchte er sagen: «Wir sind völlig zerstritten», aber als guter Staatsmann stellt er nur fest: «Wir haben uns bislang leider noch nicht einigen können.»

Endlich scheint ein Kompromiss in Sicht. Nach dem Ende der Schlacht pflegt ein Politiker jedoch gleich an der Fortsetzung zu arbeiten, solange gerade Ruhe herrscht: «Ich meine, es sollte zu weiteren Korrekturen kommen. Das muss nachgebessert werden», mahnt er an. Und wenn sie nicht gleich mitzieht: «Es werden ergänzende Maßnahmen nötig sein, um unseren Konsens zu verbreitern.» So hält man das Ergebnis offen.

Und irgendwann wird er Sieger sein. Das Ekel.

Mein Flieger geht um acht Er war ein besonders freundlicher Gastgeber, was rede ich hier schlecht über ihn. Aber er sagte «die Zwerge», wenn er seine Kinder meinte, auch «Sohnemann» und «Sohni». Danach habe ich noch die «Lebensabschnittsgefährtin» erwartet, als kleinen Scherz. Nein, wirklich, er sprach von seinem Auto als von seinem «Wagen», den er dann noch als «den Daimler» bezeichnete, obwohl nur die gehobenen Modelle von Jaguar so heißen. Er aber fuhr ganz normal einen Mercedes. Wenn er verreisen muss, sagt er bestimmt auch: «Mein Flieger geht schon um acht.» Mein Flieger.

Ja, ich bin ungerecht. Das alles darf er ja sagen! Nur meinen Geschmack trifft er damit leider nicht. Doch hat er sich wirklich um uns Gäste gekümmert, am späten Abend wurde es sogar philosophisch. Man müsse sich selbst treu bleiben, dürfe sich nicht verbiegen lassen. «Sich selbst treu bleiben», warum mag ich diese Redewendung bloß nicht? «Keine Kompromisse mehr!» Das hat er auch ausgerufen, und dabei werden wir alle doch mit anderen Menschen nicht ohne Nachgeben auskommen können. In den Ferien wolle er aber mal so richtig «die Seele baumeln lassen». Wie ich den Ausdruck hasse. Aber ich bin ungerecht.

Irgendwo mag ich ihn, so könnte ich ganz in seinem Sin-

ne jetzt sagen. Irgendwo? Ja. Und als er alte Scherze auf-
wärmte, hätte ich ihm die Hand entgegenstrecken können
mit einem herzhaften «Willkommen im Club!» Im Club der
Wiederholungstäter. Jetzt sollte ich ein Beispiel nennen
können ... Ja, richtig, er erzählte von einer Wanderung, die
«im wahrsten Sinne des Wortes ins Wasser gefallen» sei.
Und solche Sachen. Sein Vater sei «siebzig Jahre jung». Da
hätte man gleich ergänzen können: «Gefühltes Alter 42!»
Es wäre ihm recht gewesen.

Nein, ich darf das hier nicht alles ausbreiten, sonst denken Sie noch, ich sei immer ein so böser Gast. Gar nicht.
Fiel mir hier nur so auf. Das liegt ja auch immer an den eigenen Empfindlichkeiten. Jeder Mensch kennt wieder andere Ausdrücke, die er nicht besonders mag. Die ihm gegen
den Strich gehen. Jetzt hätte ich ihn selbst, unseren Gastgeber, zitieren können, dem schon so manches sauer aufge-
stoßen ist. Vor allem die Art, wie er in der Firma manchmal
viel Gehirnschmalz auf eine Lösung verwendet, die sich
dann andere als ihr geistiges Eigentum unter den Nagel
reißen. (Vielleicht sollte man mit Vergleichen, die starke
körperliche Vorgänge wählen, vorsichtig sein.)

Irgendwas war er uns noch schuldig, als die Zwerge längst
im Bett waren. Vom Flieger und vom Daimler war ein zweites mal die Rede gewesen. Der Ausdruck «da muss ich mich
erst schlau machen» war ebenfalls gefallen (einer meiner
Lieblinge). Da wurde er grundsätzlich und meinte: «Was wir
in Deutschland brauchen, ist eine ganz neue Denke.» Ich
fühlte meine alte Abneigung gegen solche Spreche. Zugleich
dachte ich jedoch daran, dass ich mich auch mal selbst
überprüfen könnte. Vielleicht brauche ich ja eine andere
Schreibe. Vor allem wohl eine ganz neue Fühle.

Wollen Sie sich noch frisch machen? An sich ein reizen-
des jüngeres Paar.
Allenfalls: Lara wirkt leicht verlegen. Wenn sie einen Ausdruck verwenden will, der vielleicht nicht ganz passt, dann

erhebt sie die Hände und malt Anführungszeichen in die Luft. Früher hätte sie vielleicht «ich sag mal so» dazu gesetzt. Heute diese Luftmalerei. Und wenn man ihr eine Ja/Nein-Frage stellt (soll man ja auch nicht), ist ihr «Jein» gleich zur Stelle. Wirkt das unsicher? Ja und nein, wie man's nimmt.

Von ihrem Freund, dem «Stefan», spricht sie heute anders als früher. Erst hatte sie ihn vor uns «einen Bekannten von mir» genannt, dann aber stieg er auf zu «mein Partner» (Anführungszeichen in die Luft gesetzt) und sie erwähnte: «Wir sind seit drei Monaten zusammen.» Diese etwas schwebende Umschreibung klingt mir ebenfalls unsicher, aber da werde ich mich täuschen. Doch Lara pflegt, wenn sie sich für einen Augenblick verabschiedet, ebenfalls zu sagen: «Ich möchte mich nur eben mal noch frisch machen.» Auch so ein Ausdruck ohne Haut und Gräten. Aber man versteht ihn wenigstens.

Ihr Freund, der Stefan, wirkt da schon stärker, so eher akademisch. Gern lässt er die Frankfurter Schule sprachlich aufleben (obwohl er zu jung dafür zu sein scheint) und sagt: «Das ist der Inflation geschuldet.» Oder, ganz schön: «Das verdankt sich wohl der Aufklärung» (ebenfalls ein Frankfurter Würstchen von ehrwürdigem Alter). Er kennt aber auch die neuesten Signale. «Chapeau!» ruft er, wenn er spontan ein Hoch ausbringen will (Hut ab, eigentlich «chapeau bas»). Und anlässlich der tiefen Einsicht, dass gerade der Alltag harte Arbeit bereithält, erwähnt er «die Mühen der Ebene». Das muss heute sein. So wie man vor Zeiten gern sagte: «Diese Lampe stellt etwas ganz Neues dar und spendet so schönes Licht.» Ja, nicht nur Lampen stellten damals etwas dar und spendeten viel, das war auch sonst vornehm.

Als Edelsprache immer noch in Umlauf ist «welches». Etwa in der Formulierung: «Welches ist der Grund für diese Tradition?» Ja, das frage ich mich auch. Wahrscheinlich wurde manchen Leuten die Frage «was?» einst ausgetrieben, weil es «wie bitte» heißt. Welches müssen wir denn noch erleben? Ja, alle Menschen, welche auf ihre Sprache achten, vermeiden ein «die». Das tun besonders die, die es gelernt haben, dass es hier «die, welche …» heißt. Vermeidet Wiederholungen!

Ästheten wie Stefan, welche «welche» sagen, scheuen sich aber nicht vor Kurzformen wie «schnellstmöglich» und setzen diese Formen auch brutalstmöglich durch. Dass sie solche Ballungen für kürzer halten, ist noch die positivmöglichste Interpretation ihres Tuns, obwohl die Zahl der Buchstaben sich nicht unterscheidet: schnellst möglich / möglichst schnell. Klingt aber härter. Solche Wörter haben die einfach immer in Griffnähe oder erreichen sie fußläufig.

Sie selbst, verehrte Leserinnen und Leser, so hoffe ich, haben gern meine Sprachproben verkostet und werden auch weiterhin Informationen über modernes Deutsch nachfragen. Nun ja, jedenfalls glaube ich mich zu entsinnen, diese Ausdrücke ebenfalls bei Stefan gehört zu haben. Muss wohl sein.

Doch wer es gern knackig mag, also – der verzichtet auf Stefans Allüren. Denn es muss krachen, darf aber nicht wehtun. Oberste Regel. Sie verstehen.

Die kleinen grauen Zellen «Und was macht die Pumpe?», fragte der Arzt. Ich ahnte, was er wohl meinen könnte, aber ich wollte nicht verstehen. «Die Pumpe!», wiederholte er energisch. Ich ärgerte mich, schon weil es genug Menschen gab und gibt, die mit einer elektrischen Pumpe statt ihres Herzens zu leben versuchen. «Ich meine Ihr Herz», sagte der Mediziner endlich.

«Sie sollten Ihren Computer da oben mal anders programmieren», nein, mit dieser Grobheit habe ich nicht geantwortet. Am Ende wäre er stolz gewesen auf die Bezeichnung, denn ein Computer ist verlässlicher als unsere «kleinen grauen Zellen». Das hätte ich nun auch wieder nicht sagen sollen. Schon wieder einer der schnodderigabwertenden Ausdrücke, wie sie zahlreich im vorigen Jahrhundert für Geist und Körper in Umlauf kamen.

Doch das Herz, gerade wenn wir es einmal als bloße Pumpe betrachten, übersteigt unsere technische Fantasie, sind doch allein die Leitungen des Blutkreislaufs über hunderttausend Kilometer lang. Und diese Strecke wird bedient von einer einzigen Pumpe. Wartungsfrei. Wer darf es da schon wagen, von einer Pumpe zu sprechen. Also, Pfoten weg von solchen Vergleichen! Wirklich, ich ahne nicht, woher die Leidenschaft mancher Zeitgenossen stammt, von körperlichen Dingen derart ruppig zu reden.

Der Kopf, verächtlich Rübe genannt («Rübe ab!»), ist in gewissem Sinne der Schädel, aber mit dem Wort Schädel ist, historisch gesehen, auch nur der Knochen gemeint, der den Kopf bildet. War ebenfalls abwertend gemeint. Die «Knochen» vertreten in dieser Sprache den ganzen Menschen: die Knochen hinhalten (Landser-Jargon). Vielleicht sprachen so schon die germanischen Legionäre zur Römerzeit, wenn sie ihre Beine eben «Beine» nannten, denn Bein, das war ursprünglich der Knochen, wie man noch am Beinhaus und am Elfenbein erkennen kann. Wenn jemand wirklich mal die Knochen meint, sagt er in diesen Kreisen lieber «die Gräten». Bei der Knochenarbeit bricht man sich die Gräten.

Das französische Wort für Kopf, «tête», geht sogar auf das lateinische Wort für Topf oder Scherbe zurück, testa. Wenn man das hört, weiß man, wie wenig ehrerbietig die französischen Legionäre im römischen Heer von den Häuptern ihrer Lieben gesprochen haben. Der Kopf als Scherbe. Auch heute redet mancher gern so:

Das neue Speisezimmer (gemeint sind die dritten Zähne) liefert bei den Senioren den Nachschub für den Hähnchenfriedhof. Zehn Euro auf die Kralle! Das gilt als flott. (Ich biete sie jedem, der von solchen Ausdrücken lassen will.) «Hab' eine Tablette eingeworfen und ordentlich Wasser nachgegossen!» Das muss man sich anhören. Anschließend steckt sich so einer «eine Zigarre ins Gesicht». Eben, was heißt hier Mund? Der ist nur der Anfang des Magen-Darm-Kanals. Es ist, als hätte der Zynismus der Mediziner

Einzug in die Umgangssprache gehalten. Manche Leute haben einfach einen Riecher für solche Provokationen. Entsprechend groß wird ihr Riechkolben sein.

Meinetwegen, sollen sie so reden, bis sie die Augen auf null gestellt haben. Doch dass die mein Herz, das echt herzlich sein kann, einfach als Pumpe bezeichnen, das geht mir irgendwie unheimlich auf den Keks – auf den feuchten Keks natürlich.

Im deutschen Namen Ein deutscher Politiker macht seinen Antrittsbesuch in Israel und muss nun in der Gedenkstätte Yad Vashem seine erste Ansprache halten. Offenbar noch tief bewegt vom Gesehenen, bedauert er «die Verbrechen, die im Namen des deutschen Volkes begangen wurden». Eine beliebte Formulierung seit Adenauers Zeiten. Aber ganz zufrieden kann man damit nicht sein. Es klingt so unschuldig. Man hat damals unseren guten Namen benutzt, um diese Taten zu begehen. Aber wer war es denn, der da den guten deutschen Namen so missbraucht hat?

Wenn man die Täter benennen soll, waren es gleich «die Nazis». Das muss damals wohl so eine Art Besatzungsmacht in Deutschland gewesen sein, und nie hat man sie nachher mehr gesehen. Will man sich dennoch der Geschichte stellen, heißt diese Anstrengung seit den Zeiten von Papa Heuss «Bewältigung der Vergangenheit». Sonderbar. Wir müssen eben irgendwie Gewalt gewinnen über die Vergangenheit, und dann ist sie bewältigt. Schluss. So war es nicht gemeint, aber diese Bedeutung schwingt mit. Bis das bewältigt ist.

Heute kommt es schon vor, dass man zugibt, die Verbrechen seien nicht nur «im deutschen Namen», sondern auch «von Deutschen» verübt worden. Doch dann fällt schnell das schöne Wort vom «anderen Deutschland», dem besseren. Ein schönes Wort, zu schön, um wahr zu sein. Man möchte nur etwas, woran man sich halten kann. Und die Nachgeborenen sind sich ganz sicher, dass sie selbst, wären sie dabei gewesen, zum «anderen Deutschland» gehört hätten. Man ist ja immer bei den Guten. Und die Großeltern standen fast alle dem Widerstand nahe oder waren doch wenigstens innerlich emigriert. Echt!

Umso mehr kann man sich sodann dem Bedauern hingeben und die «unschuldigen Opfer» jener Barbarei beklagen. Unschuldige Opfer? Ein weiterer Ausdruck, an dem der wahre Moralist nicht wirklich Gefallen finden kann. Als hätte es auch schuldige Opfer gegeben, denen die Nazis – nein, sagen wir es offen, die damaligen Deutschen – zu Recht das Leben genommen hätten.

Von diesen Opfern ist auf eine seltsam moralisierende und zugleich zynische Weise heute wieder die Rede. Genauer von den «Opfern der Opfer». Gemeint sind natürlich die Palästinenser, die man dann als «die Opfer der Opfer» des Holokaust sieht. Es fällt schwer, gerade als Deutscher das so zu deuten. Man ist ja befangen. Aber auch da ist uns ein Argument gegeben. Man hat die Stirn, stellt sich als Gerechter hin und ruft: «Gerade wir als Deutsche haben die Pflicht, den Bürgern Israels zu sagen …» Und entwickelt speziell aus seiner Täterrolle die Legitimation zum Ratgeber – um nicht zu sagen, zum Bewährungshelfer, der aufpasst, dass das Opfer nicht rückfällig wird.

Wahrscheinlich wieder im Namen des deutschen Volkes.

IV · Das ist meine Baustelle!

In trockenen Tüchern Ein Manager will ebenso viel Dynamik wie Ruhe ausstrahlen. Darum ist es üblich geworden, dass er von einem Projekt, das er betreibt, als von seiner «*Baustelle*» redet. Dieses erhabene, ermunternde Bild verbindet das Verlässliche (man baut auf festem Grund) mit der Dynamik des sich Entwickelnden. «Das ist *meine Baustelle!*» Mit diesen Worten zeigt auch dieser Könner, den ich gerade beobachte, gelassene Energie. Ein imponierender Mann, der mich die Macht der Sprache lehrt.

Weil er ein Rettertyp ist, verkündet er mit sonorer Stimme: «Alles in *trockenen Tüchern*.» Auch diese Redewendung ist in seinen Kreisen üblich geworden und verströmt, scheint mir, eine tiefe Beruhigung. Das Kind, das eben noch im Wasser lag, ist nun in trockenen Tüchern, alles wird gut.

Sein kerniger Blick hält Ausschau nach etwas, was unverrückbar wirkt. «Unser Vertrieb ist natürlich eine Bank!», sagt er bedächtig. Klingt wie die Bank von England. Ja, allein das Ruhende kommt uns verlässlich vor. Dafür gibt es neuerdings diesen Ausdruck. Zum Beispiel sagte man bei der letzten Fußballweltmeisterschaft: «Oliver Kahn ist eine Bank.» War er ja auch. Und nun spricht auch mein Manager so.

Der Sport gibt ihm weitere Bilder, die souverän wirken. «Wir sind *gut organisiert*», sagt er. Das ist eine seiner Lieblingsvokabeln. Und das eigene Unternehmen sei *breit aufgestellt* (wie eine Mannschaft, bei der jeder Posten gut besetzt ist). Am Markt sei man glänzend *positioniert*. Offenbar wie Michael Schumacher, meist in der Pole-Position. Jeden Tag ist Start. Es geht gleich los! Aber noch herrscht die Ruhe vor dem Sturm. Mein Vorstandsmitglied weiß das auszudrücken. Bei ihm klingt es fast altväterlich: «Wir müssen den *Schalter noch einmal umlegen.*»

Diesen kraftvollen Manager ziert auch eine schöne Bescheidenheit. Gerade sie strahlt ja Ruhe, sogar Souveränität aus. «Nennen Sie mal eine *Hausnummer!*», pflegt er zu sagen, wenn es um Millionen geht und sein Gegenüber eine Größenordnung andeuten soll. Hausnummer, das gefällt mir. Und dann sagt er auch noch schlicht: «Vor der Fusion müssen wir noch unsere *Hausaufgaben* machen.» Dabei geht es um gewaltige Umstrukturierungsmaßnahmen! Um Rationalisierungen, Entlassungen. Und all das sind für ihn nur Hausaufgaben. Kann man es bescheidener sagen? Es folgt ein Bild wie aus dem Biedermeier: «Dann sollten wir dafür aber auch *richtig Geld in die Hand nehmen.*»

Selbst in diesen Verhandlungen, in denen es um sehr viel geht, spricht er bei den Dreingaben fast liebenswert vom *Sahnehäubchen*, gar vom *Schmankerl*. Ja, Gelassenheit ist eben heute ein *Muss*. Und am Ende stimmt er seinem Verhandlungspartner zu wie einem Freund: «Da *bin ich bei Ihnen.*»

Es läuft hervorragend! «Ich *komme auf Sie zu!*», hatte auf dem Flur der geschäftsführende Gesellschafter einem seiner Mitarbeiter zugerufen. – Merkwürdig, sonst kommen eher schlimme Dinge auf uns zu, Schulden, Probleme, Unwetter. «Wer weiß, was auf uns zukommt …» Auf uns alle kommt, zumindest, eine Menge Arbeit zu. Und wir spüren: Stehenbleiben nützt nichts. Wir selbst brauchen uns gar nicht mehr zu bewegen, die Sachen kommen schon auf uns zu. Unbeweglichkeit hat keine Chance. – Doch kehren wir auf den Flur zurück.

Dort hatte der geschäftsführende Gesellschafter gerufen: «Ich komme auf Sie zu!», was aber nicht bedrohlich gemeint war. Bald hat er sogar einen Termin *freigeschaufelt*. (Das Wort zeigt, wie besetzt sein Kalender ist. Und wie kraftvoll er darin aufräumen kann.)

Der Tag des Termins ist gekommen, man begrüßt sich.

54　Fragte man ganz früher: «Wie steht's?», so lautet längst die Frage «Wie *geht's?*», worauf man heute mit erneuter Steigerung antwortet: «Es *läuft!*» Und zwar blendend, sagt der Gast. «Aus meiner Sicht läuft es ebenfalls hervorragend», dröhnt seinerseits der Geschäftsführer. Ja, alle ahnen es: «Er hat einen *Lauf.*» Es läuft bei ihm. Die Szene ist von ihm bereits gründlich *aufgemischt* worden.

Ein wichtiges Projekt *anzuschieben*, dazu ist der Mitarbeiter ausersehen. Es *läuft* auf ihn *zu*. Man kann gespannt sein, wie er die Sache *anpackt*. Bald hört man: Toll, wie er die *neue Aufgabe angeht*. Natürlich frontal. Die Sache kommt also *in Fahrt*. Man *geht* zu Werke und *kommt* zur Sache. Es *geht* zur Sache. So muss es sein, sonst wird man schnell in der Rangfolge von Platz 2 auf Platz 20 *durchgereicht*. Oder man wird als Person ganz *abgeräumt*. Ja, auch eine Firma darf nicht einfach *da*stehen. Nicht einmal *gut* dastehen. Das wird nicht reichen. Sie sollte auch gut *rüberkommen*.

Bewegung muss sein. Und nicht nur die Leute bewegen sich. Fast alles wird unter diesem Aspekt gesehen. Das zeigt sich sofort, als der Mitarbeiter nach drei Wochen wieder beim Chef erscheint. Jetzt kommt er mit einem Modell. Da fragt der Geschäftsführer: «Wie viele Emotionen *transportiert* dieser Entwurf tatsächlich?» Das alte Wort «*weckt*» wäre zu wenig gewesen. Der Prinz weckte einst Dornröschen. Gefühle werden heute *transportiert*.

Und wenn es mit diesem Projekt doch einmal vorbei ist? Es wäre früher *abgehakt* gewesen, heute ist es *gelaufen*. Oder man nimmt einen neuen *Anlauf*, hat einen *Auftritt* – und wenn auch der scheitert, achtet man wenigstens auf einen tollen *Abgang*.

Wir sehen: Das Leben ist ein schnell geschnittener Film. Und die Sprache versucht, das auszudrücken. Ich sollte sagen: das zu *transportieren*.

Im freien Fall Sind Verhandlungen zwischen zwei Unter-
nehmen gescheitert, so gelten sie natürlich nicht als im Sande verlaufen, sie sind, der Presse zufolge, «*geplatzt*». Man meint den Knall zu hören. *Da brennt die Hütte*, auch das ist als Ausdruck wunderbar bildkräftig.

Ja, wer hat schon etwas gegen diese anschauliche Kraftmeierei. Sind die Kosten um 3,5 Prozent gestiegen, sollen sie, hört man, «*explodiert*» sein. Es gab Zeiten, in denen es sogar der Umsatz war, den ein Unternehmen nicht nur steigerte, sondern den es gleich *explodieren* ließ. (Die Boomjahre, man entsinnt sich kaum.) Erhöhung nur aufs Vierfache, und das in zwölf Monaten? Eigentlich eher ein Vorgang in Zeitlupe! Jedenfalls gemessen an der Geschwindigkeit einer Explosion.

Neben der Kosten*explosion* ist die Kosten*lawine* ebenfalls ein Bild voll schöner Wucht und Eindringlichkeit. So mancher soll schon eine Entwicklung «*losgetreten*» haben, die man sich offenbar kurz darauf als besagte Lawine vorstellen muss. Urgewalten, sage ich Ihnen, und so einfach losgetreten!

Und doch, irgendwie gefällt es mir. Ebenso wie die Aktie, deren Kurs in den letzten Tagen um 18 Prozent gefallen ist. *Gesunken* sei der Kurs, könnte man sanft sagen, aber es ist von *Absturz* die Rede. Und wenn der traurige Vorgang zwei Wochen anhält, so befindet sich die Aktie, der Sprache der Fachleute zufolge, «*im freien Fall*». Diesem freien Fall staunend zuzusehen, ist doch, für uns Laien, recht packend.

Gut, die Aktien sind alle *im Keller*. Und wenn es einer Aktie *noch* schlechter geht? Dann ist sie eben auf *Tauchstation*. Es gibt immer noch eine Steigerung. Auch nach unten. Einfach *unterirdisch*.

Der Umsatz ist abgestürzt, die Folgen sind, heißt es, *dramatisch*. Die nächste Stufe ist *tragisch*. Ein *Erdrutsch*. Sturz! Rutsch! Bruch! Starke Bilder. «*Das Anzeigengeschäft droht wegzubrechen*», sagt man. Wen sollte es da nicht schaudern? Wegzubrechen ist sonst die Art alter Stützen oder Sicherheiten. Ganzer Mauern, ja Felswände. Und nun auch das

Anzeigengeschäft. Schon bei sechs Prozent Schwund «*bricht* der Absatz *weg*». Früher brach er schlicht *ein*. Nun ist er ganz weg. Baumärkte überschwemmen den Markt mit Billigware oder überfluten ihn gleich. Und von der ganzen Entwicklung wurde man *überrollt*.

Auch diese Bildersprache hat eine sportliche Note bekommen, die uns die ganze Dynamik der Gegenwart ahnen lässt. Vor einiger Zeit konnte man von einem Bank-Chef lesen: «Er boxte seinen Kandidaten durch den Aufsichtsrat.» (Offenbar hatte ihn der Chef in den Aufsichtsrat mitgenommen, aber so sah er dann auch aus, mitgenommen.)

Und was tun die Gewerkschaften? Sie wollen den Unternehmen schon wieder «*in die Bilanzen grätschen*». Mir macht das Freude. Ich meine, wie das formuliert wird. Und immer *auf Ballhöhe*.

Vorsicht, Gewinnwarnung Ich liebe den Begriff «Fehlbetrag», aber nur, weil er so schön eindeutig ist. Offenbar handelt es sich um den Betrag, der fehlt. Nehmen wir ein Beispiel: Eigentlich hatte der Verein immer 1000 Euro Jahreseinnahmen, jetzt fehlen 200. Dann sind sie der Fehlbetrag.

Schon beim Bruder des Fehlbetrags, den «Mindereinnahmen» stutze ich jedoch. Sind das nun die – wenn auch leider verminderten – Einnahmen? Also die tatsächlich eingenommenen 800 Euro? Nein, wohl nicht, obwohl sie «-einnahmen» heißen. Das Wort ist parallel zu Fehlbetrag zu verstehen. Nun werden Sie mich fragen, warum ich so begriffsstutzig bin. Wo es doch schon lange die «Mehreinnahmen» gibt, nach denen die Mindereinnahme offenbar analog gebildet ist. Aber das sind wirklich Einnahmen!

Trotzdem, ich stutze, denn um uns zu verwirren, gibt es bei den Psychologen die Fehlleistung, die keine fehlende Leistung, sondern nur eine fehlerhafte, doch immerhin eine Leistung ist. Die Juristen kennen im Schuldrecht die «Minderleistung», die (genau wie die Mindereinnahme) nicht die verminderte Leistung ist, sondern gerade das, was fehlt, was also nicht geleistet wurde. Und dennoch «-leistung» genannt wird.

Es ist immer schwierig, etwas Negatives eindeutig auszudrücken. Bloße Verneinung reicht eigentlich nicht. So gab es – um bei den Psychologen und Juristen zu bleiben – die eindeutige Zurechnungsfähigkeit. Aber bei der Negation, der «Unzurechnungsfähigkeit», stutzt man doch und wünschte sich, es hieße «Zurechnungsunfähigkeit». Das sah der Gesetzgeber ein und spricht nun von «Schuldunfähigkeit». Bravo. Es gibt auch ein Kopfschütteln über die «Befehlsverweigerung» obwohl es vielleicht etwas pingelig wirkt. (Dennoch: Nicht der Befehl wird ja verweigert, sondern der Gehorsam oder die Ausführung des Befehls.) Ebenso zweifelhaft ist die «Vorspiegelung falscher Tatsachen», die zumindest eine doppelte Verneinung zu enthalten scheint. Doch sind diese Worte alle gut eingeführt und sollen gern weiter gelten.

Völlig meine private Marotte mag es hingegen sein, dass ich mir unter einem Paket immer noch etwas zum Auspacken und Behalten vorstelle. Da stört mich das «Sparpaket», das offenbar Sparvorschläge gleich gebündelt enthält. Das «Streichpaket» ist sogar noch sonderbarer. Auch unter einem Katalog stelle ich mir eine Art Angebot vor, wie man es vom Warenkatalog, Versandkatalog oder dem Ausstellungskatalog kennt. Dennoch gibt es ebenfalls den Forderungskatalog, den ich noch hinnehmen kann. Beim «Streichkatalog» bekomme ich Zweifel. Das wird Sie wahrscheinlich kaum überzeugen. Oder meinen auch Sie: Da hätte man bei der Liste (der Streichliste) bleiben können?

Neuerdings gibt es sogar das Wort «Gewinnwarnung». Wahrscheinlich stolpert hier schon wieder kein Mensch, nur ich. Also: Klingt das nicht so, als werde da vor Gewinnen gewarnt? (Jedenfalls, wenn wir an die bekannte Unwetterwarnung denken.) Gemeint ist natürlich eine Warnung vor dem drohenden Gewinneinbruch. Sollte man das nicht ausdrücken? Nein, denn, zugegeben, «Gewinneinbruchswarnung» wäre selbst für die geduldige deutsche Zunge ein zu langes Wort.

Und doch, falls dieses neue Wort als Gewinn für die Sprache gelten sollte, müsste ich wohl davor warnen.

Das neue Sein und Werden   «Eins muss klar sein …»
Na, wer fängt so seine Sätze an? Sie wollen noch ein Beispiel, bitte. «Es darf nicht sein, dass im deutschen Gesundheitswesen …» Ja, ja, klingt nach Schröder und allen, die ihm folgen. «Ziel kann nur sein …!» Offenbar muss dieses Sein jetzt in Berlin einfach sein. «Es kann nicht sein, dass die Reichen immer reicher werden!» Nein, wirklich, das kann nicht sein. Es ist aber so, was wir jetzt aber nicht erörtern sollten. Denn es geht uns nicht um Sein oder Nichtsein, sondern um dieses merkwürdig trotzige «Ziel muss sein …!» Als Ausdruck eines neuen politischen Seins.

Und nur wir fragen uns: Muss das Sein sein? Es muss offenbar. Allenfalls darf man mal sagen: «Es kann nicht angehen, dass …» Oder man hört: «Meine Hoffnung ist …» Ja, auch so klingt es manchmal schön pathetisch von der Regierungsbank.

Daneben gibt es noch das eher trotzige Ist, das wir meist bei der Opposition finden: «Das ist nicht hinnehmbar … das ist völlig inakzeptabel … das ist mit uns nicht zu machen!» Dabei wissen wir doch alle: Der Ist-Zustand kann auch nicht die Zukunft sein. Ebenso muss eins klar sein, dass es beim Sein nicht bleiben darf, wir müssen zum Werden kommen.

Aufbruch heißt deshalb die Devise. Und auch den finden wir in der politischen Sprache schon angelegt. Jeder muss selbst aufbrechen, wird uns gesagt. Und zu neuen Ufern aufgebrochen ist man ja in Berlin schon lange. Jetzt *wird* auch noch manches aufgebrochen, erstarrte Fronten etwa und verkrustete Strukturen.

Jeder muss sich bewegen, und die Politiker wollen darüber hinaus *etwas* bewegen! Aber nicht immer nur den Stein des Sisyphus, sondern am besten alles, und zwar nach vorne. «So bewegt man einiges in diesem Land!», rufen sie. Und am besten gleich das ganze Land. «Das müssen wir jetzt anschieben», sagen sie. Und nachher hört man sie sprechen: «Wir haben vieles auf den Weg gebracht.» Es ist also doch manches im Werden. Aber wo ist der Weg? Wohin führt er? Weder nach links noch nach rechts! Keine Politik kennt bei uns noch Seiten. Nicht einmal die Mitte ist noch attraktiv. Es geht ja immer nur weiter. Die wahre Politik führt nach vorn! Ja, sie *ist* vorn. *Da* herrscht das Gedrängel. Längst.

Die Rente muss weiterentwickelt, unsere Sozialsysteme müssen fortgeschrieben werden. Denn alle wollen fort und weiter. Nur, *wo* genau vorne ist, darüber ist man sich noch nicht ganz einig. Klar ist nur: Man muss die gesetzlichen Regelungen «erneuern». Wer spricht noch von Reformen? Vor diesem Begriff schrecken wir schon wegen der Vorsilbe «Re-» zurück. Wir wollen doch alle nach vorn.

Daher nennen wir das, was jetzt sein muss, Modernisierung. «Wir müssen den Arbeitsmarkt modernisieren.» Es gibt keine rechte oder linke Wirtschaftspolitik, nur moderne und veraltete. So formuliert es die politische Klasse, damit niemand widersprechen kann. Und was ist modern? Alles, was als flexibel gilt, als zukunftsfähig und als nachhaltig. Los, los, Kanzler! Da muss der jetzt durch. Aber eilig! Ziel muss sein …

Ja, muss das wirklich sein?

Leistung abliefern Das muss man sagen, die Fußballmannschaft ist bereits in glänzender Laune aufgelaufen und hat sofort meisterlich aufgespielt. «Was?», werden Sie mich fragen, «aufgelaufen sind die schon gleich zu Beginn? Auf ein Hindernis?» Nein, nein, nur aufs Spielfeld. Und haben aufgespielt. «Ja, sind das denn Musiker? Haben die zum Tanz aufgespielt?» Nein, nur so, doch es war wirklich ein Tanz! Auch erinnert das Wort an «aufgetrumpft». Mit Grund, zu Recht! Sie haben aufgespielt, wie man auftrumpft.

«Die Spieler haben eben ihre volle Leistung abgerufen und ein sehr gutes Resultat abgeliefert.» Entschuldigung, aber anders kann ich das gar nicht mehr ausdrücken. Eine Leistung wird heute abgerufen wie ein Posten aus dem Depot oder ein Betrag vom Konto. Und sie wird auch nicht einfach geliefert, sondern abgeliefert. Beim Publikum, oder meinetwegen auch beim Trainer. Jedenfalls wie ein Paket.

Ja, der Trainer! Der hatte zuvor eine neue Methode ausprobiert und sie gründlich ausgetestet. Wollte ich schreiben, der Mann habe sie «probiert», dann würde das klingen, als habe er es nur mal versucht. Daher auch «ausgetestet». Klingt wie «er hat das ausgerechnet» oder «er hat ausgelernt». Bis zum Ende. Austesten. Das muss schon sein.

Der neue Torjäger hat jede Chance ausgenutzt, und die kleinste Nachlässigkeit der gegnerischen Abwehr wurde sofort abgestraft. Was haben Sie dagegen? Gut, man könnte fragen, ob sich die Chancen am Ende ziemlich ausgenutzt vorkamen, wo sie doch wohl eher nur genutzt wurden. Doch zumindest das «abgestraft» hat was! So im Sinn von «sofort abgeurteilt!» Auf-dem-Fuße! Was ja passen könnte.

In der anschließenden Pressekonferenz hat der Trainer dennoch mit der Videoaufzeichnung gedroht: «Wir werden die Wege aller Spieler nachverfolgen, denn manchmal wusste selbst ich nicht, wo der eine oder andere abgeblieben war.» Gut, das sagt man so. Vorsilben sind dazu da, eine Aussage zu verdeutlichen. Dann meinte er noch, die neue strategische Ausrichtung werde fortentwickelt und keineswegs einkassiert, was mir durchaus einleuchtete, obwohl man einräumen könnte, auch entwickeln und kassieren hätten schon eine gewisse Eindeutigkeit. Jedenfalls will der Verein nun durchstarten und freut sich, dass der Vorsprung des Erzrivalen bereits zusammengeschrumpft ist.

Der nächste Härtetest steht an. «O, der Arme, muss der

(Oder soll das Anstehen an die andrängenden Probleme er-
innern?) Jedenfalls machte der Trainer auf mich nicht den
Eindruck, er ließe sich jetzt noch ausbremsen. Ein gelunge-
nes Wort! Bremsen heißt ja nur verlangsamen, doch das
neue Ausbremsen heißt im Rennsport: den Konkurrenten
zum Bremsen zwingen. Und das schafft bei dem Typen keiner! Wahrscheinlich wird der jetzt in Gesprächen mit dem
Vorstand sogar eine Vertragsverlängerung heraushandeln.

Bitte glauben Sie nicht, diese Beispiele für verstärkende
Vorsilben hätte ich hier nur so aufsummieren können, weil
ich in mühsamer Suche die passenden Zitate aus den
Sportseiten herausselektiert, in den Computer eingelesen
und dann abgespeichert hätte. Nein, nein. Alles frisch aus
dem Alltag hervorgewonnen.

Sie trägt jetzt kurz «Wer das leugnet, hat noch nicht verstanden!» So hieß es in der Regie-
rungserklärung Schröders im Oktober 2002. Ein Satz voller Autorität. Schon dass hier jede andere Ansicht als
Leugnen bezeichnet wird, ist stark. Ich meine aber vor allem das absolute «hat noch nicht verstanden», was doch so
klingt, als habe der Leugner noch nichts, absolut nichts
verstanden. Gewöhnlich sagt man ja: Er hat so manches …
hat das Problem, hat das Wesentliche nicht verstanden.
Doch in dieser Rede fehlt jegliches Objekt. «Hat noch nicht
verstanden.» Damit gewinnt die Aussage an Wucht.

In den Fachsprachen kommt diese absolute Verwendung
eines Verbs oft vor, was dann herrlich technisch klingt. Ein
Jurist etwa sagt: «Der Schuldner hat nur teilweise erfüllt
und muss jetzt leisten, sonst wird vollstreckt.» Ein Laie erfährt nicht, was erfüllt, was geleistet werden muss und was
vollstreckt wird. Fachleute unter sich. Das hat was!

Kurzformen sind sehr professionell. «Dann werden die
Unternehmer auch wieder einstellen.» Man weiß Bescheid.
«Zahlreiche Spitzensportler haben bereits gemeldet.» Sie

haben sich oder ihre Teilnahme angemeldet. Viel zu umständlich! Ebenso eindeutig ist: Der Favorit zog zurück, worauf andere Kandidaten ebenfalls absagten, bis auch der Letzte verzichtete. Alles klar.

Zum absolut gebrauchten Fachwort geworden sind viele Verben: «Das Studio, in dem wir aufnahmen, war ein altes Landhaus.» Jeder weiß, es geht um Musik, und ob es Songs oder Streichquartette waren, hat man wohl schon erfahren. Ebenso haben Künstler «gedreht» oder «ausgestellt». Das ist so klar wie «… es begleitete Daniel Barenboim.»

Ich möchte gern noch darauf aufmerksam machen … Fehlt da ein «Sie»? Es fehlt uns eigentlich nicht mehr. Also, ich möchte Sie noch darauf aufmerksam machen, dass es auch in der Umgangssprache diese Verkürzung gibt, die uns bequem ist. «Das kostet vielleicht!», ist ein Ausruf voller Gefühle. Übrigens steht das «vielleicht» an Stelle eines Objekts oder eines Adverbs, das hätte «viel» lauten können. Solche Stellvertreter werden manchmal noch gebraucht. «Dann kriegen wir nicht so aufs Dach.» Was man kriegt, wahrscheinlich sind es Schläge, kann fortgelassen werden, wenn da der Stellvertreter «so» auftaucht. «Die wollen, dass wir so raushauen, bis wir nicht mehr können!»

Unter Modebewussten heißt es einfach: «Sie trägt jetzt kurz», absoluter Branchenjargon. Sportsfreunde sagen: «Er verkürzte auf 3:4», und jeder weiß Bescheid. Ein Umfrageergebnis kann lauten: «Die Grünen verloren von 11 auf 10 Prozent.» Ganz offensichtlich macht das Weglassen des Selbstverständlichen die Verständigung leichter.

Probleme im Betrieb? «Wenn nötig, ist immer ein Kollege da, der sich kümmert.» Klingt gut und ist noch neu, ebenso wie der dazu passende «Kümmerer», der gleichsam ein Mensch ist, dem das ‹sich Kümmern› zur Natur geworden ist. «Der kümmert sich», sagt man, er tut es ganz allgemein, offenbar kümmert er sich um einfach alles.

Ich hoffe, Sie sagen nun: «Ich kümmere mich!» Denn wer das nicht tut, hat noch nicht verstanden. Trotzdem, wir danken!

Das interessiert nicht! Man muss das ja verstehen, die Feuilletonisten scheuen sich, «ich» zu schreiben oder «mich» und «mir». Denn das gilt als unfein. Man trägt eine anonyme Meinung vor, was zugleich den Vorteil hat, dass sie als absolut gültig erscheint, keineswegs als subjektiv. «Die Leistung erstaunt durchaus», liest man da, oder «die Aufführung macht ratlos». Im Publikum hat es offenbar keine Ausnahme gegeben, alle waren ratlos, nicht nur der Herr Rezensent. Ja, diese Damen und Herren schreiben gern: «das Stück verstört» oder «die Inszenierung beeindruckt». Was doch unsereinen arg vereinnahmt, finde ich. Wird uns doch keine Wahl gelassen, nein, es *ist* eben so! Als wirke das Stück auf jeden verstörend oder beeindruckend.

Doch der Stil überzeugte offenbar, er ging jedenfalls auf andere Ressorts außerhalb des Feuilletons über. «Die sehr gute Verarbeitung begeistert», notiert ein Motorjournalist, den Kollegen nacheifernd, «deutsche Autos machen eben zufrieden.» Der Leitartikler orakelt nicht anders: «Die Antworten überraschen» und «es würde nicht wundern, wenn …» Mich schon! Vielleicht geht es jedoch gar nicht anders als so anonym. Jedenfalls solange das Ich unter Journalisten verpönt ist.

Dennoch eine Gegenfrage: Sollen wir diesen Berufsschreibern das wirklich erlauben? Die Frage geht nahe. Ja, sie geht nahe, auch wenn offen bleibt – wem? Von all dem möchte ich gern den Grund erkennen und vermute deshalb: Wer so schreibt, will offenbar mit Kürze beglücken, auch wenn er damit eher verblüfft. Diese Weglassungen, finde ich, ermahnen vielmehr, künftig noch besser auf die Sprache zu achten.

Nein, nichts aufgefallen? Doch! Natürlich ist bei diesen Sätzen gleich aufgefallen, dass ich ebenfalls einige Objekte habe verschwinden lassen. So gewohnt ist das schon! *Wer* ist das gewohnt? Egal. Daher gebe ich nochmals Gelegenheit zu stolpern, wenn ich schreibe: «Sprachprobleme plagen oft, scheinen aber kaum zu stören. Sie werden wenig erörtert, weil die Angst lähmt, altmodisch zu wirken.» Alles Beispiele, die ich – so oder ähnlich – aus der Zeitung gefischt und hier nur aufgegriffen habe. Auch wenn das jetzt erstaunt.

Ich ahne nicht, ob es eine Wirkung des anonymen Feuilletons ist oder einen anderen Ursprung hat, jedenfalls verändern bereits einige Verben ihren Sinn ein wenig und können schon gut ohne Objekt auskommen. Am weitesten hat sich wohl «kritisieren» gewandelt, das lange Zeit ein Objekt brauchte. Jetzt bedeutet es eher «etwas kritisch vorbringen». Und dann liest man eben: «Müller kritisierte, die Rede habe nichts gebracht.» Ebenfalls neu ist der Wandel bei «einstimmen», das zunächst ja die Frage «wen?» provoziert. Jetzt bedeutet es eher «vorbereitend für etwas werben». Daher verwunderte uns die Schlagzeile nicht: «Bush und Blair stimmen auf Irak-Krieg ein». *Wen* sie einstimmen, konnte entfallen. Nichts störte uns, es sei denn, der Inhalt, also die Botschaft selbst. Oder wir lesen: «Selbst die ARD stimmte schon auf die Neuerungen ein», ohne dass uns arg auffiele, was da eigentlich nicht genannt wird. Es ist das Objekt «ihre Zuschauer».

«Das überzeugt nicht», mögen Sie mich jetzt konfrontieren, was zunächst nachdenklich stimmt. Aber – muss ich nun mit Deutungen zurückhalten? Nein. «Man wird», entschuldige ich, «doch darüber erregen dürfen!» Eine Entgegnung, die hoffentlich eher bekehrt als verschreckt.

Ein unbequemer Vordenker Der alte Mann blickte stolz aus seinem Ohrensessel und sagte in mein Mikrofon: «Ja, ich habe nie nachsprechen mögen, was andere sagen.» Er lebte jetzt in einer Seniorenresidenz und sah zufrieden auf sein Leben zurück. Man könnte ihn zu den zornigen alten Männern rechnen, zu den kritischen Intellektuellen. Mit welchen Worten würde sich so jemand selbst charakterisieren? «Ja», sagte ich, «Sie waren immer ein eigenwilliger Kopf.» Das gefiel ihm, er nickte: «Ein Selbstdenker, will ich mal sagen, ja, das wollte ich sein.»

Hielt er viel von sich? Soll so jemand einem verraten, wie er sich heimlich selbst sieht, ist es am besten, ihn kräftig zu loben. Dann kommt er aus sich heraus. «Sie waren für viele ein Vordenker», schmeichelte ich ihm. Er stimmte wieder gern zu. «Ja, ein Vordenker, eben durch Nachdenken. Durch Nachdenken zum Vordenker. So war ich meiner Zeit wohl meist voraus.»

Es gibt viele Arten, sich sein Leben schön zu reden. Ich ahnte, was ihm noch gefallen könnte. «Im Nachruf wird man Sie wohl auch einen Unbequemen nennen.» Nun strahlte er, wie andere es tun, wenn sie einen Orden bekommen. «Leicht gemacht habe ich es mir jedenfalls nie», murmelte er. «Sicher war und bin ich deshalb unbequem. Ja, weil ich es *mir* nicht bequem gemacht habe, war ich anderen oft auch nicht bequem.»

«Sie sind Ihren eigenen Weg gegangen», lockte ich ihn, und er überbot das: «Ja, ich bin wohl gegen den Strom geschwommen. Wissen Sie, Mainstream, das war nie etwas für mich. Da habe ich es eben immer vorgezogen, zwischen den Stühlen zu sitzen.» Es ist vielleicht ein wenig gemein, einen Menschen so auszufragen, aber das Selbstbild kommt dabei doch prächtig heraus.

«Sie waren anstößig», damit gab ich das nächste Stichwort. «Natürlich habe ich Anstoß erregt, das bleibt dann nicht aus, doch habe ich auch manchen Anstoß *gegeben*.» – «Gewiss Denkanstöße …!», warf ich ein, weil ich doch weiß, was solche Leute nicht erst im Nachruf vermerkt haben wollen. Er lächelte. «So einen wie mich nennt man wohl», er gab sich bescheiden, «einen Querdenker.» Und ich freute mich darüber, wie er beides zugleich gewesen sein wollte, Vor- und Querdenker.

«Jetzt sag' ich mal ganz ketzerisch …», er lachte dabei, «ohne Tabubruch geht so etwas nicht.» Natürlich, Ketzer zu sein, das ist auch so eine Auszeichnung, die sich manche Menschen gern selbst anstecken. Ich ergänzte: «Sie sind ein Radikaler!» Auch das mochte er gern hören, präzisierte nur: «Ein Radikaler, ja, wenn Sie das nicht so verstehen, als hätte ich abseits gestanden, nein, ich bin den Problemen nur gern an die Wurzel gegangen.» Damit spielte er darauf an, dass «radikal» zurückgeht auf das lateinische «radix», die Wurzel. Ich nickte.

Endlich fühlte er sich mal von jemandem verstanden. Ich wollte ihm das Gefühl nicht nehmen und sagte: «Ein freier Geist! Ja, wer sich so sehen darf ...» Sein Heiligenschein strahlte wie ein Heiligenscheinwerfer.

V · Macht das Sinn?

Ein Medium mit Visionen Das weiß ich noch sehr gut, wie der «Personalcomputer» aufkam und wie ich damals alles gleich zu verstehen glaubte! Denn Computer waren zu jener Zeit noch etwas für große Verwaltungen, und die hatten natürlich alle eine Personalabteilung. Für die musste dieser neue Computer entwickelt worden sein, daher «Personalcomputer». Später dämmerte mir, dass es eine schlechte Übersetzung sein musste. Diese neuen Computer waren englisch «personal», also persönlich, gemeint, und jeder hatte seinen eigenen auf dem Schreibtisch.

Zur Personalabteilung hätte auch die viel ältere «Datenverarbeitung» gepasst, denn als ich von der zum ersten Mal hörte, kannte ich, wie fast alle Deutschen, das «Datum» nur als Tag im Kalender und «Daten» als Tage. Die Datenverarbeitung konnte also nur etwas sein für Historiker, die immer so viele Daten kennen müssen, zum Beispiel Lebensdaten. Ich selbst hatte ebenfalls einige zu verarbeiten, nicht nur mein Geburtsdatum. Noch mehr kämpfte damals die Personalabteilung, allein schon mit all den Einstellungsdaten! So erklärte ich mir die Datenverarbeitung.

Leicht sind wir verblüfft, wenn ein neues Fachwort aus dem Amerikanischen zu uns kommt, und manchmal versteht man eben die Welt nicht mehr oder wenigstens falsch. Es ist noch nicht ganz so lange her, dass mich die Designerdroge in Verwirrung stürzte, die ich tatsächlich zunächst für eine Art Berufskrankheit der Designer hielt, wie man ja von Popmusikern weiß, dass sie vom Koksen oder vom Spritzen bedroht sind. Weit gefehlt. Es sind künstlich entwickelte, also ‹designte› Drogen. (Arme, unschuldige Designer!)

Meine religiöse Orientierung kam ebenfalls in Unordnung – wenigstens dreimal. In den Sechzigern wurde aus den USA berichtet, die Medien gewännen immer größeren Einfluss. Da ich das «Medium» hauptsächlich als spiritistische Wahrsagerin kannte («Botschaften von drüben»), war ich besorgt. Gar Massenmedien sollte es da drüben geben! Nun gut, auch ich habe gelernt, um was es geht, und konnte mich sogar entschließen, für solche Medien zu arbeiten.

Dass die Amerikaner fromm sind, ahnte man ja immer schon. Aber in den Fünfzigern war oft von «Mission» die Rede, selbst bei allerlei Kriegen. Hatten die schon den Zweiten Weltkrieg als «Kreuzzug in Europa» (General Eisenhower) aufgefasst, wollten sie jetzt offenbar die ganze Welt missionieren. Gut, man kannte bei uns schon lange ebenfalls die diplomatische Bedeutung des Wortes («unterwegs in geheimer Mission»), aber nicht die militärische. Auch diese Neuerung haben wir allmählich verstanden. Wenn bei uns ein Soldat zackig schreit: «Auftrag ausgeführt!», lautet das bei den Amis eben: «Mission accomplished!» – wie es auch hinter Präsident Bush zu lesen war, nach dem Irak-Krieg auf einem Flugzeugträger. Dieses religiöse Wort «Mission» passt sogar täglich besser zu unseren amerikanischen Freunden. Alle Militärs als Missionare.

Der damalige Bundeskanzler Helmut Schmidt raunzte 1982: «Wer Visionen hat, soll zum Arzt gehen!» Parteifreunde hatten ihm vorgehalten, er habe keine, sei also Pragmatiker. Das damals noch neue, amerikanische Wort tauchte bei uns in einer Ecke auf, in der auch der altlinke Protestant Erhard Eppler stand. Seitdem wissen wir es alle: Visionen muss ein Politiker haben. Zwar nicht gleich die «Gesichte» eines Hellsehers oder Propheten, aber doch Ziele.

Was haben wir nicht alles von den Amis gelernt! So viele Daten über Missionen und Visionen kann kein Medium verarbeiten. Und seitdem lechzt der Personalcomputer nach diesen … Designern und ihren Drogen.

Ich habe gelernt ... Eduard Becker, ein feinsinniger Komponist, stammt aus Siebenbürgen, von wo er vor noch nicht langer Zeit hierher gezogen ist. «Ich dachte, ins Land Goethes und Thomas Manns zu kommen», sagte er mir bedrückt, «aber ich bin im Land von Coca-Cola und McDonald's gelandet!» Um die Dinge zurechtzurücken, brachte ich vor: «Man muss aber sehen ...», weiter kam ich nicht. Er unterbrach mich:

«Was ist das für ein Deutsch! ‹Das sehe ich nicht ..., man muss sehen ...› Das Wort verbreitet sich in immer neuen Varianten. Den Ball habe ich *gut* gesehen, nein, ich habe ihn *aus* gesehen, heißt es beim Tennis. ‹Ich habe Bode noch nie so schlecht gesehen›, sagt der Kommentator im Fußball. Und wenn wir uns verabschieden, sagen Sie bestimmt: ‹Wir sehen uns!› Nein, wissen Sie, das ist nicht meine Sprache. Neulich klagte mir jemand, ausgerechnet ein alter Landsmann: ‹Der Präsident hat sich geweigert, mich zu sehen.› Offenbar alles Augenmenschen!»

Meine Versuchung war riesengroß, nun zu behaupten, ich müsse aufbrechen, weil ich noch meinen Zahnarzt sehen müsse. Aber ich ließ es und meinte, um das Thema zu wechseln: «Wissen Sie, ich habe gelernt ...», weiter kam ich auch diesmal nicht. Becker meinte:

«Wahrscheinlich haben Sie nicht etwas gelernt, sondern begreifen müssen, Sie haben schlicht etwas eingesehen. Stimmt's? Oder sind Sie nochmals zur Schule gegangen? Nein, Sie haben sich nur wieder amerikanisch ausdrücken wollen. Heute sagt man ja, meist etwas resigniert: ‹Ich habe gelernt, dass mich die Kollegen nicht wollen› oder so ähnlich. Ja, ich merke, so war es. Sie haben etwas erfahren müssen. Doch nun haben Sie wirklich etwas gelernt, weil ich es Ihnen beigebracht habe. Lernen ist im Deutschen enger gefasst, das werden Sie zugeben, als ‹to learn› in den USA.»

Jetzt hätte ich noch darauf hinweisen können, dass es Forscher, die Behavioristen, waren, die überall einen Lernprozess witterten und die Bedeutung des Wortes lernen verallgemeinert haben. Geschenkt. Der gute Herr Becker verstand offenbar nicht, was Sprachwandel bedeutet. «Einen Wandel muss man», sagte ich deshalb, «auch lesen können.» Wieder kam ich nicht weiter.

«Heute liest man, ich weiß – nur keine Bücher. Man liest ein Fußballspiel, jedenfalls behauptet Herr Beckenbauer, das zu können. Jeder Kunstkritiker liest jedes Bild, als könnte er uns daraus vorlesen. Man liest das Verhalten einer Katze … Und jetzt wollen Sie auch noch den Sprachwandel lesen können. Ich bitte Sie. Sind Sie Amerikaner?»

Diese neue Anwendung stamme, hätte ich einwenden können, weniger aus den USA als von den Semiotikern, die alles als Text sehen. Aber das hätte ihn kaum beruhigt. Weil ich verstummt war, setzte Herr Becker nun von sich aus noch einmal an:

«Gut, ich kann das hinnehmen. Aber wissen Sie, wenn ich im Radio höre, eine Geigensonate werde – von, sagen wir, Itzhak Perlman – ‹ausgeführt›, dann wundere ich mich wirklich. Ausgeführt, wie ein Befehl. Gewiss, ich ahne, woher das stammt. Im Englischen werden Musikstücke nicht aufgeführt, sondern dafür gibt es das Verb ‹to execute›. Dasselbe Wort wie für die Hinrichtung. Was für ein Kulturvolk! Und deshalb musste ich neulich sogar in einer Kritik lesen, der Künstler ‹verblüffte mit einer eigenwilligen Brahms-Exekution›. Finden Sie nicht, dass ich, bevor es außer Brahms auch *mich* trifft, auswandern sollte?»

Ist das korrekt? Der Redakteur, verantwortlich für die bunte Seite des Neustädter Tageblatts, war verstimmt. Er redigierte gerade einen Bericht seines Klatsch-Korrespondenten aus den USA: «Star heiratet seine aktuelle Freundin», stand da. Eine *aktuelle* Freundin gebe es im Deutschen nicht, murrte der Redakteur. Es gibt nur aktuelle Fragen (für die Gegenwart bedeutsam) oder ein aktuelles Theaterstück (ein zeitbezogenes), meinetwegen auch aktuelle Zahlen (noch geltende). Der heiratet

schlicht seine Freundin, meinetwegen seine gegenwärtige!
Der Redakteur war mit seiner Pingeligkeit zufrieden.

«Die Hochzeit wird in den USA zum *sozialen* Ereignis.»
Auch das konnte unser Fachmann nicht stehen lassen.
Zum «gesellschaftlichen», verbesserte er, denn im Deutschen unterscheide man zwischen beiden Wörtern. «Sozial» bedeutet bei uns immer noch: auf die Normen der Gesellschaft bezogen. Darum änderte er auch gleich den Satz: «Die Brautleute sind beide sehr *sozial* orientiert.» Die seien, murmelte der Redakteur, doch nur auf gesellschaftliche Ereignisse aus!

«Es soll ein *spezielles* Fest werden», stand da. Nein, ein besonderes! Da war sich der Altgediente sicher. Natürlich wusste er, wie dieses Wort sich bei uns ausbreitet. You are very special! «Ihr seid sehr spezielle Menschen», gilt nun auch bei uns schon als Anerkennung. Bislang hätte das nur bedeutet: ziemlich ausgefallen, eher was für einen recht speziellen Geschmack! Ja, früher! Mit einem Seufzen machte sich der Redakteur auf den nächsten Anglizismus gefasst. Und der kam:

«Millionen in den USA wollen per TV dabei sein, doch die *globalen* Zahlen werden weit höher liegen.» Was gemeint sei, verstehe jeder, grummelte der Fachmann, aber «global» bedeute immer noch zuerst: pauschal, gerundet, allgemein. Vor allem, wenn es von Zahlen gesagt werde. Ihm fiel dazu die «Globalsteuerung» ein, ein Instrument des deutschen Stabilitätsgesetzes. Bei jenem TV-Ereignis gehe es aber nicht um pauschale Zahlen! Also müsse es heißen: «die weltweiten Zahlen …» Er hatte viel zu tun, doch es half nichts, er musste weiterlesen:

«Gefeiert wird auf dem Landsitz der Braut, doch da stößt die Zahl der möglichen Gäste an *physische* Grenzen.» Das konnte einfach nicht sein … In jedem Satz die leicht verschobene Bedeutung eines alt eingeführten Wortes! «Physisch» heißt bei uns körperlich, basta. Und nur im Englischen hat «physical» sowohl die Bedeutung «körperlich» wie auch «physikalisch». Die können ja, stöhnte er, auch kaum zwischen dem Arzt (physician) und dem Physiker (physicist) unterscheiden. Wir schon! Also stößt die Zahl der Gäste an «natürliche» oder räumliche Grenzen. Nein, dass man auch alles korrigieren muss! Kaum zu glauben. Doch die Meldung näherte sich ihrem Ende.

«Für die Hochzeit wurden bislang viele Termine genannt, keiner war, wie sich jetzt zeigt, *korrekt*.» Das müsse im Deutschen heißen: Keiner war richtig, oder: Keiner stimmte. Denn in unserer Sprache bedeute «korrekt» immer noch: untadelig, nicht zu beanstanden. Was man von diesem Bericht leider nicht sagen könne.

Da kam ein junger Kollege vorbei und fragte den alten Hasen höflich: «Ich störe. Korrekt?» Doch der Redakteur hatte nicht mal mehr die Kraft zu nicken.

Vergiss es! «Ich habe meiner Freundin gleich kommuniziert», sagte mein junger Verwandter, «dass ich sie heiraten will. Sie wollte nicht, aber ich glaubte ihr keine Minute. Ich war nicht eine Sekunde überzeugt.» Dann strahlte er: «Es brauchte auch nur einen Tag, sie zu überreden. Nun müssen wir die Liebe herunterbrechen auf die Praxis des Alltags.» Eindrucksvoll, was er an neuen Wendungen kannte, doch hätte ich gern gesagt: «break down» heißt nicht herunterbrechen, auch wenn es bei uns so gebräuchlich wurde, sondern gliedern (oder niederreißen).

Als wir von Politik sprachen, tauchten diese namenlosen Mächte auf, die im Englischen üblich sind. «Was *sie* jetzt machen, ist Folgendes, *sie* versuchen …» Wer mag es sein? Im Deutschen haben wir dafür das «man». Gut, das ist bei einigen verpönt. Aber immer noch besser als «sie». Er fuhr fort: «Sie sagten mir …», und er zog den Schluss: «Das ist nicht oft zu erleben.» – «Ja», sagte ich, «das erlebt man nicht oft.»

Er war genau der Typ, der auf Fragen gern antwortet mit jenem: «Nicht wirklich!», das unser «eigentlich nicht!» er-

setzt hat. Und als ich ihn darauf aufmerksam machte, sagte
er fast dankbar: «Das ist gut zu wissen.» Er war eben, in
einem Wort, ein Freund von Lehnübersetzungen. Aber ich
sollte ihn nicht nachmachen, «*mit* einem Wort» wäre wohl
besser. «Wir mögen es», sagte er, «das Amerikanische zu
übernehmen.» «We like it …», knurrte ich.

Für jeden, der übersetzt, gibt es die sogenannten falschen Freunde, Wörter, die man leicht unverändert übernimmt, obwohl sie in beiden Sprachen nicht dasselbe bedeuten. Es handele sich, hörte ich mal jemanden sagen, bei
seinem Krebs um «eine rare Form». Das Wörtchen «rar»
macht sich gar nicht mehr rar, weil das englische «rare»
sich uns anbietet. Aber Krebs kann nicht rar sein, das heißt
nämlich leider «selten» im Sinne des Besonderen. «Rare»
hat im Englischen sogar einen Hauch von «kostbar». Es
gibt keinen raren Krebs.

Ebenso bekommen wir in Reportagen von «Minenarbei-
tern» zu lesen, obwohl es doch Bergarbeiter sind. Auch von
Farmarbeitern. Nun ja, da ahnt man wenigstens, wo man
ist. Und ein Tank, im Sinne eines Panzers, hat vielleicht
ebenfalls ein eigenes Kolorit.

Doch wer mag den Titel des Bond-Films «Die another
day» ins Deutsche übersetzt haben, ausgerechnet mit
«Stirb an einem anderen Tag»? So sagen wir doch gar
nicht. Mein Vorschlag wäre: «Stirb ein andermal». Vielleicht stand am Ende in einer Rezension, der neue Bond-
Darsteller halte sich für «einen anderen Connery». Wo er
doch in unserer Sprache eher «ein zweiter Connery» wäre.

Eigentlich wollte ich mit meinem Neffen über diese Dinge ins Gespräch kommen. «Vergiss es!», waren jedoch seine
letzten Worte. Und dabei hätte ich ihm sogar zugestanden,
dass es englische Wörter gibt, die ich für kaum entbehrlich
halte. Was wäre ein «gutes Timing» auf Deutsch? Gibt es
nicht. Auch wenn der Wetterbericht einen «Mix aus Sonne
und Wolken» ankündigt, bin ich versucht zu denken: Mix
ist wenigstens kürzer als unsere Mischung. Hat doch was.

«Man sieht sich!», sagte er zum Abschied, «hab eine gute

Zeit.» Dabei hatte ich gerade knurren wollen: «Leute wie du schrumpfen die deutsche Sprache zur Handlichkeit!» Wahrscheinlich hätte er den englischen Zungenschlag darin gar nicht bemerkt. Ich sollte ihm mal einen Kurs spendieren. Am besten: Deutsch für Beginner.

Ich meine, was ich sage «Ich will Spaß!», sagte Sarah, als sie im Türrahmen stand, und ihr Lebensgefährte Claudio hatte Lust, ihr einiges zu erklären, von seinem Schreibtisch aus. «Also», hub er an, «Spaß haben, das ist kein deutscher Ausdruck.» Sarah blieb stehen, blickte gelangweilt, war aber entschlossen, die Geduldige zu spielen. Claudio ungerührt: «Entstanden ist das als schlechte Übersetzung von ‹fun›. Im Amerikanischen heißt das ‹to have fun›. Aber den deutschen Spaß kann man nicht einfach *haben*!» – «Dann ändern wir eben das Deutsche», beharrte Sarah, «ich will Spaß, und ich will ihn haben.» Claudio, ganz Dozent: «Etwas kann nur Spaß machen oder bringen. Man *selbst* konnte auch schon immer Spaß machen, also scherzen. Aber zu *haben* war und ist er nicht.» – «O, wie tiefsinnig.» – «Ja, finde ich auch. Man kann ihn nicht haben, wie man Zigaretten hat.»

«Wo ist das Problem?», fragte Sarah. Der deutlich ältere Claudio, ein grausamer Liebhaber des Deutschen, versuchte ruhig zu bleiben. «Ein Problem war immer eine ungelöste Frage, etwas zum Herausfinden, zum Tüfteln.» – «Weiß ich längst.» – «Jetzt ist jede Schwierigkeit plötzlich ein Problem.» – «Damit habe ich kein Problem.» – «Nun müsste ich wohl in deinem Jargon sagen: Du kriegst Probleme, wenn du nicht richtig sprichst.» – Sarah fand, dass er ein Ekel sei: «Ist die Lektion beendet?» – «Was hast du vor?», fragte Claudio.

«So verschiedene Aktivitäten.» – «O, diese Amerikanismen! Lange gab's bei uns nur die Aktivität, die man entfalten konnte. War eher eine Eigenschaft. Aber dann mussten die ‹activities› irgendwie ins Deutsche übersetzt werden.

Und diese Hässlichkeit kam heraus: Aktivitäten. Gemeint ist meist, was man so privat macht.» – «Und was soll ich stattdessen sagen?» – «Genau das ist das Problem, denn ‹Freizeitgestaltung› war tatsächlich noch hässlicher.» – «Dann kann ich jetzt also meinen Aktivitäten nachgehen. Okay?» Sarah wurde ungeduldig, doch Claudio merkte es nicht: «Das Wort ist bei uns so beliebt geworden, weil es irgendwie an ‹Tätigkeiten› anklingt, gleichsam ‹Aktivi-tät-ig-keiten›. Nur so ein Kalauer von mir. Sag mir doch lieber, was du im Einzelnen vorhast.»

«Ich möchte jetzt los», sagte Sarah, «und ich meine, was ich sage!» Claudio war, seiner Art nach, wieder fassungslos. «You don't mean it», rief er schließlich, «zu Deutsch: Das kann nicht dein Ernst sein! Aber das deutsche ‹meinen› bedeutet doch etwas ganz anderes. Was meinst du?»

Sarah fragte trotzig, mit letzter Kraft: «Also, kann ich jetzt gehen, oder was? Man muss doch nicht alles verbalisieren.» – «Das Wort ist ebenfalls ein Einwanderer. Früher hieß ‹verbalisieren› bei uns Germanisten: ‹ein Substantiv in ein Verb verwandeln›. Jetzt heißt es ‹aussprechen›.» – «Ja, manches muss man wohl doch verbalisieren!», sagte Sarah, «und ich denke, hier würde es Sinn machen.» Nun war es Claudio, dessen Geduld am Ende schien: «Sinn machen? Nein, nicht auch *das* noch!»

Und wahrscheinlich hätte er sie jetzt, wenn er das Wort nur über die Lippen brächte, am liebsten gefeuert.

Hauptsache, die Chemie stimmt Die Rekrutin Annika R. robbte quer durch die Botanik. So nennt man die Pflanzenwelt heute gern, aber eigentlich heißt «Botanik» ja das Fach, das von diesen Pflanzen handelt. Annika R. erahnte diesen Sprachwandel. Und als sie nun auch noch stöhnte, eine solche Anstrengung sei nicht vereinbar mit der «Biologie» der Frau, da schüttelte sie den schweißtriefenden Kopf und verbesserte sich in «mit den biologischen Gegebenheiten» der Frau.

Es ist beliebt geworden, das wissenschaftliche Fach zu nennen, wenn man seine Objekte meint, eine Mode aus den USA. Später wird sich Annika R. ausruhen und wie neu dastehen, denn, sagt sie sich, die «Optik» muss natürlich stimmen. Die Optik! Schon wieder ein Studienfach! Und sie meinte doch nur das, was die Optik allenfalls erfasst, ihr Aussehen.

Eine Rekrutin muss psychologisch stabil bleiben, und auch soziologisch sollte alles zum Besten stehen. Ja, die eigene Psychologie muss stark sein. So sagt man wohl, doch die *Psyche* hätte es auch getan, aber die «Psychologie», die eigene, klingt einfach besser. Zu achten hat Annika ebenfalls, wie heute jeder Mensch, darauf, dass die Chemie stimmt. Die Chemie zwischen ihr und den Kameraden. Gott allein weiß, warum die chemischen Vorgänge jetzt als «Chemie» bezeichnet werden. Aber so spricht man. Die Chemie muss stimmen. (Nebenbei: Die Chemie an sich stimmt immer, denn sie ist ja eine Wissenschaft.)

Später, wenn Annika R. es zur ersten deutschen Majorin der Panzergrenadiere gebracht hat, wird sie sich ins Buch der Geschichte eintragen. Oder, wie es heute noch edler heißt: Sie wird Geschichte schreiben. Erstaunlich, dass die Menschen, die Geschichte machen, sie auch noch schreiben. Wenigstens ihr eigenes Leben müssen diese Menschen nicht mehr aufschreiben. Auch Annika wird eine interessante Biografie haben, wie man das heute nennt. Sonderbar, eine Biografie war noch vor kurzem ein Buch, das von einem Leben handelt, aber es ist längst das Leben selbst geworden. Genauer sein Verlauf. Jeder hat mit seinem Leben auch eine Biografie.

Anfang des Jahres 2002, als der Skispringer Sven Hannawald gleich alle Stationen der Vier-Schanzen-Tournee gewonnen hatte, als Erster überhaupt, hieß es natürlich auch über ihn, er habe Geschichte geschrieben. Das kann uns gar nicht mehr wundern. Die österreichische Zeitung «Presse» aber bot noch mehr und erklärte Hannawald zum «Schanzenhistoriker». Akademische Weihen! Das ist doch

wie ein Ehrendoktor in Geschichte. Beruf: Schanzenhistoriker.

Ich hoffe, Sie sehen das auch so. Und wenn wir uns schon so gut verstehen, wäre es mir recht, wenn Sie mich jetzt zum Chemiker erklären würden. Denn, das werden Sie doch zugeben, die Chemie zwischen uns stimmt einfach.

Okay bleibt schon o. k. Keine Abkürzung ist in der Welt so verbreitet wie o. k. Man hat lange gerätselt, woher sie stammen mag. Inzwischen ist der Ursprung aufgedeckt, aber viele kühne Thesen leben munter fort. Wahrscheinlich kennen Sie auch welche. Daher hier zunächst die üblichen Verdächtigen:

Weil das «k» darin recht deutsch wirkt, wurde angenommen, ein Deutscher (es könnte General Steuben gewesen sein) habe in den USA «all correkt» falsch geschrieben. Im Bürgerkrieg hätten deutschstämmige Offiziere damit das «Oberkommando» abgekürzt. Oder ein Fabrikant namens Otto Kaiser habe seine Produkte in den USA mit seinen Initialen geschmückt. Es sollte auch «ohne Korrektur» bedeutet haben. Alles unbelegte Vermutungen.

Griechischer Ursprung wäre ebenfalls denkbar, schon in der Antike könnten Lehrer damit Schularbeiten abgezeichnet haben: «(h)ola kala» hieße «alles gut», Lateinisch «omnia correcta». Im Französischen bedeutet unter Seeleuten «aux quais!» den Befehl «an die Kais!» Oder war der Hafen auf Haiti gemeint, aus dem der beste Rum stammte, «Aux Cayes»? Das Finnische «oikea» bedeutet «richtig». Und in der afrikanischen Mandingosprache heißt «o ke» gar «in Ordnung», was Sklaven in die USA gebracht haben könnten. Falsche Fährten.

Der amerikanische Sprachforscher A. W. Read hat, in starker Konkurrenz mit anderen, sein Leben der Erforschung von o. k. gewidmet. Er veröffentlichte 1941 die These, zuerst sei das Kürzel im Präsidentenwahlkampf gut hundert Jahre zuvor, im März 1840, verwendet worden. Der Präsident, der wiedergewählt werden wollte, trug bei Anhängern den Spitznamen «Old Kinderhook», abgekürzt «OK», nach seinem Heimatdorf bei New York.

Tatsächlich tauchte in der New Yorker Zeitung «New Era» schon einen Monat später, im April 1840, das Kürzel im heutigen Sinne auf: «Finden Sie nicht, das ist O. K.?» Doch wie war es zu dieser Bedeutung gekommen? A. W. Read konnte Jahrzehnte später auch diese Frage beantworten.

Im heißen Sommer 1838 begannen einige Redakteure der Bostoner «Morning Post» zu blödeln. Die Stadtprominenz wurde bezeichnet als O. F. M. (Our First Men), eigentlich eine Abkürzung für die Franziskaner. Bald schrieb man auch gern falsch: «K. G.» sollte für «no go» («geht nicht») stehen, als hieße es «know go». Ebenso wurde nun «all correct» verballhornt zu «o. k.» – als schriebe es sich «oll korrect». Den ersten Beleg fand A. W. Read in der «Morning Post» vom 23. März 1839. Späte Nachwirkung eines heißen Sommers.

Genau ein Jahr danach, am 23. März 1840, erschien besagtes «OK» für den Präsidenten aus Old Kinderhook. Doch war dieser Spitzname wohl schon gewählt worden, weil o. k. bereits für «all correct» stand. Wieder ein halbes Jahr später hatte sich die Blödelei selbst im Wilden Westen verbreitet. Ihr Siegeszug begann.

A jour ist nicht mehr up to date «Du bist wohl ziemlich ausgepowert?» – so fragt man heute liebevoll, wenn man merkt, dass jemand seine ganze Power verausgabt hat. Vor hundert Jahren gab es das Wort schon einmal, nur dass es damals aus dem Französischen stammte, abgeleitet von «pauvre», arm. Ein Land war power (ausgesprochen mit langem o und kurzem w!), auch Arbeiter wurden ausgepowert, also ausgebeutet. Aber wer würde heutzutage noch ans Französische denken? Power ist angesagt. Auch in Frankreich selbst.

Was ein rechter Franzose ist, der klagt über die vielen amerikanischen Ausdrücke in seiner alten Kultursprache. Le weekend und le foot-ball, unausrottbar. Was würde so ein Franzmann erst sagen, müsste er erkennen, wie arg bei uns die französischen Wörter, die hier seit dreihundert Jahren heimisch sind, von amerikanischen Eroberern vertrieben werden. Der Bankier nennt sich nun, weil auch er weiß, was man heute trägt, Banker. Er ist der Boss in seinem Office, nicht länger der Chef im Büro, und heizt den Boom an, nicht mehr die Hausse. So ist er à jour, will sagen «auf dem Laufenden», oder noch moderner gesagt: up to date.

Der Playboy war früher der Bonvivant mit dem gewissen Etwas, dem Savoir-vivre, und nun hat er den American Way of Life voll drauf. Verrat an unseren Nachbarn, wohin man blickt. Die Hautevolée nennt sich entweder Jetset oder High Society, sie gibt keine französischen Diners oder Feten mehr, sondern lädt zu Dinners und Partys, nur um unseren Nachbarn zu zeigen, dass die Tendenz an ihnen vorbeiläuft – was sage ich: der Trend. Denn so drückt man das heute aus. Man gibt eine Open Hour und keinen Jour fixe. Die Flirts sind die Amouren von gestern, man hat ein Date und kein Rendezvous.

Da kämpfen unsere französischen Freunde gegen das Englische aus Amerika, und wir machen den Chanson zum Song, das Varieté zur Show und den Conférencier zum Moderator oder Entertainer. Wohin man blickt, ein amerikanisches Medley (das neue Potpourri). Alles wird gedoubelt, und sogar das Double ist ein Stuntman. Die Billetts, die wir zu Fahrkarten machten, sind längst zu Tickets geworden.

Selbst die Pommes frites werden lieber in Form von «Chips» genossen. Es hat nichts genutzt, dass der falsche Friseur zum Coiffeur werden sollte, er wurde doch zum Hairdresser (oder zu allerlei, was mit dem Wort Hair spielt). Selbst die Mode heißt nun allzu oft «fashion». Vorgeführt von Models, die mal Mannequins waren. Ja, wer will denn schon Haute Couture tragen, wenn er Stücke vom Designer kriegen kann?

Eine Reportage aus dem Leben! Aber so sollte ich das gar nicht nennen, das heißt Report. Ist ja auch kürzer. Und den sollte ich nicht beenden, ohne darauf hinzuweisen, dass selbst alte Wörter anders auszusprechen sind. Das Wort «Service» können wir kaum mehr so lesen, dass ein Geschirr daraus wird …

Eben! Dieser welsche Jargon ist längst passé, oder, wie wir jetzt sagen: Er ist obsolet geworden. Einfach out! Der Slang ist statt seiner da. Er bestimmt das Niveau – pardon, vielmehr sorry! … den Level. Dafür haben wir allenfalls ein Feeling (ein Gespür), uns fehlt jedoch das französische Flair (die feine Nase) für den Verlust (das Flair hatten wir allerdings längst zur «persönlichen Ausstrahlung» umgedeutet, die einen umgibt).

Ja, unser Deutsch wirkt ziemlich ausgepowert.

VI · Überhaupt kein Thema!

Schwer getroffen «Unser Vorschlag *stieß*», sagte die Grünenabgeordnete, «auf viel Verständnis.» Die Politikerin, eine bekennende Pazifistin, «stößt», nach eigenen Worten, überall auf Wohlwollen oder auf offene Ohren. Ob man es ihr und ihrer ganzen Fraktion nicht einmal diskret stecken sollte, dass dieses Stoßen – nein, nicht nur allzu brutal ist, das ginge ja noch, sondern – ursprünglich militärisch war? In der Sprache der Krieger und Kriegsberichterstatter «stieß die Truppe auf erbitterten Widerstand». Eben! Die Armee stößt vor und dabei auf Gegenwehr.

Heute sagen die friedlichsten Menschen: «Da sollten wir mal einen Vorstoß unternehmen.» Und sie denken durchaus nicht an den Stoßtrupp, der einen Vorstoß zu unternehmen pflegte. Sondern sie meinen, da solle man «mal zart vorfühlen» oder irgendwie «die Initiative ergreifen». Aber immer: «Vorstoß!»

Nun wäre mir das noch halbwegs recht, wenn es nur dabei geblieben wäre, dass etwas «auf Ablehnung» stößt. So militärisch das Bild ist, es passt ja immerhin, wenn es um Ablehnung oder Widerstand geht. Aber weit gefehlt. Heute stößt man auf alles, vor allem aber auf Wohlwollen. «Im Verein stieß meine Idee auf viel Zustimmung», berichtet der Jungsportler seinen Eltern. «Ach, ich bin auf so viel Hilfsbereitschaft gestoßen», erzählt der Weltreisende, und ich frage mich, warum er so viel gestoßen ist, ausgerechnet auf Hilfsbereite.

«Das Konzept stieß auf ein durchweg positives Echo.» Ja, so steht es in der Zeitung. Kann man auf ein Echo stoßen? Man wird es doch wohl eher hören.

Es gibt so viele nette Ausdrücke, die eine günstige Aufnahme umschreiben könnten. Man «findet» Verständnis oder «erhält» Zustimmung. Meinetwegen «erntet» jemand auch viel Lob, könnte man sagen. Oder: «Er bekommt viel Gutes darüber zu hören, die Sache wurde freundlich aufgenommen.» So reich ist die Sprache, aber heute stößt man immer auf … ich meine: auf etwas. Und wenn es Wohlwollen ist.

Nun sollte ich nicht sagen: «Ich hoffe, meine Ansicht *trifft* auf Ihre Sympathie …» Treffen ist nicht viel besser als stoßen. Denn früher traf man auf den Gegner, weswegen eine Schlacht auch ein *Treffen* genannt wurde. Damals *traf* man sich nur zufällig, und wenn es mit Absicht geschah, dann im Duell. In diesem etwas traurigen Sinn sagt man immer noch: «Das hat ihn schwer getroffen.»

Heute hingegen kann eine außenpolitische Schlagzeile lauten: «Fischer trifft Powell», und man darf annehmen, dass sie einander dabei nicht verletzen, sondern dass damit nur das englische «he meets him» wiedergegeben wird.

Auf weniger Verständnis stoßen …, nein treffen, nein … weniger Verständnis *finden* bei mir jene Sportschützen, die für ihren Club mit den Worten werben: «Schießen lernen, Freunde treffen».

Dreimal weniger Man soll ja nicht kleinlich sein, aber wenn es um Zahlen geht, hätte ich's doch gern präzise. Nehmen wir ein Beispiel. «Der Zinssatz wurde auf 3,5 Prozent angehoben.» Das versteht man. Wenn jemand auf die Idee kommen sollte zu sagen: «… *um* 3,5 Prozent angehoben», wäre klar: Das kann nicht stimmen. Es gibt aber nicht allzu viele Journalisten, die genau zwischen «auf» und «um» zu unterscheiden wissen.

In meinem Lieblingsmagazin, es liegt der «Süddeutschen Zeitung» bei, las ich mit Spannung vom steigenden Wasserverbrauch auf der Erde. Da stand, er steige alle zwanzig Jahre «um das Doppelte». Wirklich ums Doppelte? Nach meiner Rechnung würde der Verbrauch sich demnach verdreifachen, denn zum jetzigen käme das Doppelte hinzu.

Würde sich der Verbrauch hingegen nur verdoppeln, müsste es ja heißen, er steige «*aufs* Doppelte». Wie war es nun gemeint? Ich müsste mal bei der Redaktion nachfragen.

Wenn eine Mutter stöhnte, ihre Tochter sei im letzten Jahr «um eins-achtzig gewachsen», würden wir den Fehler gleich erkennen. Der «Spiegel» macht es uns allerdings nicht immer leicht. Über Krankheitskeime schrieb er: «Das Risiko ist *um* das 90fache erhöht.» Der Leser kann sicher sein, gemeint ist, das Risiko sei *auf* das 90fache erhöht. Denn sonst kämen wir auf die krumme Zahl des 91fachen als Ergebnis der Erhöhung. Doch bei so hohen Zahlen dürfen wir großzügig sein.

Über ein ähnliches Missverständnis stolpere ich, wenn jemand ausruft: «Das kostet heute dreimal mehr als früher.» Gewiss, die Redewendung kommt aus dem Amerikanischen und ist schon deshalb genehmigt. Aber eine kleinlaute Frage: Besagt nicht das Wort «mehr», das darin vorkommt, jetzt werde die Differenz genannt? Weit gefehlt. «Dreimal mehr» ist nur die neuere Variante zum alten «dreimal so viel», was doch etwas logischer wirkte. Können wir uns darauf einigen, dass dies «dreimal so viel» immerhin etwas eindeutiger ist? Nein? Auch gut. Zugeben muss ich sowieso, dass man dabei kaum etwas missverstehen kann.

Man liest auch: «Die heutige Datenübertragung ist fünfmal schneller.» Ach, ich merke schon, Sie finden das in Ordnung. Doch halte ich das alte «fünfmal so schnell» für besser. Denn «fünfmal schneller» klingt für mich wie «um das Fünffache schneller». Da bin ich wohl zu kleinlich. Und bereit, das zurückzuziehen.

Jedoch echt sonderbar, und das müssen Sie mir zugeben, ist das Gegenstück dazu, eine Art Herabsteigerung. «Er verdient dreimal weniger als ein Facharbeiter.» Logisch ist das nicht zu begreifen. Dreimal weniger! Gewiss, gewiss, gemeint ist ein Drittel. Aber der Ausdruck «dreimal weniger» nennt statt der Division, um die es geht, erst eine Multiplikation («dreimal») und sogleich eine Substraktion («weniger»). Man soll also das Dreifache abziehen, statt durch drei zu teilen. Das verstehe einer. Aber wir müssen es ja auch nicht begreifen. Hauptsache, wir wissen, was gemeint ist.

Sagten wir stattdessen «ein Drittel», so würde die Verständlichkeit sofort *auf* hundert Prozent angehoben. Meinetwegen auch «um» hundert Prozent. Egal. (In diesem Fall.)

Kein Vergleich! Die Versicherungsmaklerin war mit mir alles durchgegangen; ich sollte unterschreiben, hatte aber noch eine Bitte, die ich leise vortrug. Sie richtete sich auf: «Das ist überhaupt kein Thema!», rief sie mit einem Nachdruck, als wollte sie es mir verbieten, darüber auch nur zu sprechen. Bei dieser Gelegenheit habe ich – es ist lange her – den neuen Sinn dieser Redewendung zum ersten Mal bewusst gehört. Inzwischen weiß ich, was manche damit meinen: «Ich stimme Ihnen zu, ohne dass wir darüber diskutieren müssen!»

Doch fährt mich jemand so an, muss ich auch jetzt noch an meine Kindheit denken, wo es bei Tisch hieß: «Das ist kein Thema beim Essen», sobald eins von uns Kindern von Leichenschauhaus oder von Hundekot zu reden anfing. War ja auch kein Thema. Dieser alte Sinn hat sich noch ein wenig erhalten. Frage ich meinen Vereinskameraden, ob Silvio Meyer wohl bei den Vorstandswahlen kandidieren wird, so sagt mein immer gut informierter Freund: «Das war und ist kein Thema!» Was ich dann so deute: Das ist nicht im Gespräch.

Was bei «Kein Thema!» jeweils gemeint ist, muss man eben erraten. Als Außenminister Fischer zum Beispiel nach seinen wilden Jahren gefragt wurde, ging es auch darum, ob für ihn «Ami go home» damals eine Parole war. Und er antwortete: «War kein Thema für mich …» Ich deute das so: Diese Parole nahm er damals nicht in den Mund.

Als im Radio ein Orchester beschrieben wurde, sagte die Moderatorin: «Originalinstrumente sind bei den Musikern kein Thema.» Und ich hätte sie gern gefragt, ob diese Instrumente dort so selbstverständlich sind, dass man darüber nicht zu reden braucht. Oder ob es nicht einmal erwogen wird, solche Instrumente zu verwenden. Wechseln wir die Szene, aber nicht das Thema: Eine Ehefrau stöhnt über ihren dicken Mann. Daraufhin wird sie gefragt: «Und was ist mit Diät?» Sie, heftig: «Das ist kein Thema!» Da soll man wissen …

So ganz gelungen kann ich diese Neuerung, dieses lebhafte «Kein Thema!», das Anfang der siebziger Jahre aufkam, immer noch nicht finden. Denn, nur mal so zum Beispiel, brüllte jemand: «Keine Diskussion!», so wäre man ja auch nicht ganz sicher, wie entgegenkommend das gemeint sein sollte. Vielleicht so wenig wie bei dem Vater, einem scharfen Hund, der zu zischen pflegte: «Darüber brauchen wir gar nicht erst zu diskutieren!»

Manche Leute haben noch einen weiteren Ausruf auf den Lippen. «Kein Vergleich!» Womit sie sagen wollen: «Das, was Sie da gerade in Beziehung setzen, kann man nicht einmal vergleichen.» Sage ich zum Beispiel, die neue Ministerin sei doch wirklich besser als die alte, so höre ich: «Kein Vergleich!» Man versteht, aber auch das schneidet mir meine Worte ab. Darum möchte ich anmerken, wer das ausruft, *hat* doch schon verglichen. Denn ohne die beiden Ministerinnen miteinander verglichen zu haben, könnte mein Gegenüber wohl gar nicht ausrufen: «Kein Vergleich!»

Ich denke, dem werden Sie zustimmen und jetzt murmeln: «Kein Thema!»

An der Geige   Mein Blick fiel auf die Titel einer Vortragsreihe, die eine große Kinderklinik für Eltern veranstaltete. Ein Abend hatte das Thema: «Erste Hilfe am Kind». Darüber kam ich ins Grübeln. Hilft man nicht einfach *dem* Kind? Oder tut etwas *fürs* Kind? Ja, ich hätte gedacht, das müsste «Erste Hilfe fürs Kind» heißen. Aber zwei Mediziner, die ich diskret befragt habe, meinten, das heiße immer «Erste Hilfe am Kind». Na gut, etwas unpersönlich, so ähnlich wie «Demonstration am lebenden Objekt», aber eben Fachsprache. Das muss man wohl hinnehmen. (Bei Ärzten ist ja auch ein Befund «positiv», den wir selbst als recht negativ ansehen müssen.)

Die Präposition «an» wundert mich auch manchmal im Radio, jedenfalls bei der klassischen Musik. Da kann man hören: «An der Flöte Aurèle Nicolet.» Ich weiß ja nicht, ob Sie sich auch gleich ein Bild davon machen und den Künstler vor sich sehen. Ich sehe ihn so: Da ist also eine Querflöte fest im Raum installiert, und Aurèle Nicolet tritt heran, um sie zu spielen. Wie der Pianist an den Flügel tritt. Verstehen kann ich es ja noch, wenn es von Anne-Sophie Mutter heißt: «Sie bekam schon mit vier Jahren ersten Unterricht an der Geige», denn dass sie damals die Geige noch nicht halten konnte, ist mir fast begreiflich. Das Instrument war eben irgendwo angeschraubt, und das Kind spielte daran. Das muss gemeint sein.

Diese Mode stammt, man ahnt es, aus dem Jazz, wo wirklich alle Mitwirkenden «an» ihren Instrumenten spielen. Was dort dem Schlagzeug, dem Bass oder Klavier recht ist, muss dem Sax billig sein. Der Mann am Sax. Inzwischen ähnlich klassisch geworden in der klassischen Musik.

Und da wir gerade beim sonderbaren «an» sind ... Das gibt es bekanntlich auch bei den Feinschmeckern in den besseren Lokalen. «Lammcarrée an Broccolimousse mit Rosmarinjus» liest man in der Speisekarte. Woher mag das «an» stammen? Und wieso hängt das Fleisch immer an der Beilage und nicht umgekehrt?

Diesen «Blondierten Filetstreifen an Satansäpfelchen» bin ich endlich auf die Spur gekommen, als ich mit einem Feinschmecker in einem Fresstempel saß. Gleich suchte ich in der Karte wieder nach «Wachtelbrüstchen an Steinpilzrisotto» oder «Loup de Mer an Duftreisbällchen in Safrancreme», ohne allerdings so etwas zu finden, und nannte dem

Feinschmecker mein Sprachproblem. Der dachte eine Weile nach: «Das habe ich», sagte er endlich, «zuerst in Lenzerheide gelesen, es stammt, glaube ich, aus der Schweiz.» Er ist übrigens selbst Schweizer.

Dann ließ er den Wirt zu uns rufen, der schon besorgt war wegen einer drohenden Beschwerde, und ich konnte ihn nach diesem «an» fragen, gerade weil es sich in seiner Karte nicht fand. «Das kam aus der Schweiz», sagte er, «dort habe ich damals gearbeitet, später habe ich es in München und Stuttgart gelesen, es ist langsam nach Norden gewandert. Und jetzt verschwindet es wohl wieder.»

«Oh», sagte ich, «vielen Dank für die gute Nachricht und diese Erste Hilfe am Gast.»

Die schönste Frau der Welt Wir wissen es alle: Man darf nicht sagen «*die* Franzosen». Streng verboten. «Die Franzosen lieben Atomstrom.» Grauenhaft. Und doch wird überall so geschrieben, selbst von Journalisten. In besten Blättern.

Eine Lokalposse aus Dachau, die bundesweit Aufsehen erregte. Von Edelfedern liest man dann: «*Die* Dachauer rebellierten und kippten eine Fuhre Mist vors Rathaus.» Wenn ich so etwas lese, glaube ich zu wissen, wo die Autorin oder der Autor innerlich steht. Offenbar auf Seiten derer, die so kollektiv zur Allgemeinheit erweitert werden. «Die Dachauer …» Das Unbewusste des Verfassers wünschte es sich so, dass es alle waren, die den Mist abkippten.

Der allseits beliebte Joschka Fischer äußerte sich einmal etwas anstößig, und einige Parteifreunde murrten laut; prompt musste man die Schlagzeile lesen: «Fischer empört *die* Grünen», obwohl es wirklich nur um ein paar Grüne ging. So differenziert aber mag es die Presse nicht, vielleicht auch nicht die Leserschaft, dass nun eine Schlagzeile lauten könnte: «Fischer empört einige Grüne».

Kollektive allenthalben. Ein großer deutscher Fußballer ist gestorben. In manchem Nachruf hieß es über seine beste Zeit: «Die englische Presse schrieb damals über ihn ...» Und so weiter. Es war aber nur das Massenblatt «Sun», in dem dieses Bonmot stand. *Die* englische Presse. Nicht anders ergeht es *der* Bundeswehr oder *den* Gewerkschaften. Eine stille Professorin saß mir beim Essen gegenüber und sagte: «*Die* Kirche hat ja die Menschen immer mit der Angst gegängelt.» Daraus lerne ich: Je mehr wir außerhalb einer Einrichtung stehen, desto eher empfinden wir sie als geschlossenen Block. *Die* Bundeswehr. *Die* PDS. Und ich muss zugeben, es ist wohl einfacher so, wir ersparen uns dabei manche Differenzierung.

Bald «interessierte sich *der* Film für sie», heißt es in der Biografie einer Diva. «Hollywood bat zu Probeaufnahmen.» Ganz Hollywood, muss man annehmen. Es gibt sogar einen Fall, in dem eine Differenzierung geradezu undenkbar ist. Immer heißt es: «*Die* Studenten gingen auf die Straße.» Aus welchem Land auch berichtet wird, von Iran bis Argentinien. *Die* Studenten haben protestiert.

Aber ich sollte mich beruhigen. Nur eins muss ich noch vorbringen dürfen. Wenn mal wieder eine Miss Universum (oder wie diese Täubchen heißen mögen) gewählt wurde, ist sich kaum eine Zeitung zu schade, sie «*die* schönste Frau der Welt» zu nennen. Das ist nun allerdings ein bestimmter Artikel, der mich den Kopf schütteln lässt. Einfach unsinnig, denn sie ist ja allenfalls die Schönste unter den paar tausend Frauen, die es nicht zu billig fanden, an diesem Wettbewerb teilzunehmen.

Nein, der bestimmte Artikel ist der Erzfeind der Genauigkeit. Ich sag es ja, *die* Presse! *Diese* Journalisten!

Der Rechtsweg ist ausgeschlossen Wenn im Hörfunk oder Fernsehen die Lottozahlen bekannt gegeben werden, darf offenbar am Schluss ein Satz nicht fehlen: «Diese Angaben sind, wie immer, ohne Gewähr.» Das hat irgendwann mal ein besorgter Mensch erfunden, und nie ist es wieder geändert worden. In

Deutschland hat man eben Angst, haften zu müssen. «Eltern haften für ihre Kinder!» Wahrscheinlich fürchten die Sender, bei falsch durchgegebenen Zahlen könnte ein vermeintlicher Lottomillionär sich schon mal für hunderttausend Euro einkleiden, bevor er erfährt, dass im Programm leider eine falsche Ziffer genannt wurde. Und dann müsste die Anstalt haften. Nein, müsste sie nicht.

Eine angenehme Nebenwirkung scheint immerhin von diesem Satz auszugehen. Nun wissen wir, dass der Sender für alle seine anderen Nachrichten die volle Gewähr übernimmt. Und natürlich übernehmen wir auch für diese gedruckte Sprachglosse die Garantie, dass es damit seine Ordnung hat. Wir notieren deshalb am Schluss auch nicht: «ohne Gewähr».

Wer ein kleines Preisausschreiben veranstaltet oder Preise verlost, vergisst nicht hinzuzufügen: «Der Rechtsweg ist ausgeschlossen.» Als werde jemand klagen, wenn er nicht unter den Gewinnern war. «Änderungen vorbehalten», schreiben Theater auf ihre Spielpläne. Nun ja, das soll wohl ebenfalls Leute davon abhalten, Klage zu erheben, wenn ihnen statt «La Traviata» überraschend «Der Freischütz» vorgesetzt werden musste. Alles für Juristen ebenso unnötig wie das Schild, das in kaum einer Gaststätte fehlt: «Für Garderobe wird nicht gehaftet». Es ist nämlich bereits juristisch geklärt, dass der Wirt nicht für unsere Mäntel zu haften hat, solange er sie nicht in seine persönliche Verwahrung zu nehmen bereit war. Klar, sonst müsste er weit mehr als zwei Augen auf die Garderobe gerichtet haben.

Wo immer uns ein Formular zur Unterschrift vorgelegt wird, sollen wir auch noch «Ort und Datum» ausfüllen, so dass viele glauben, ohne diese Zusätze sei die Unterschrift ungültig. Oder doch weniger wert. Das mit dem Datum mag ja noch hingehen. Doch die Angabe des Ortes ist nun fast schon surrealistisch, denn was hat sie mit der Unterschrift zu tun? Doch die Angst vor Rechtsvorschriften, auch vor vermeintlichen, ist eben groß genug, um uns alles brav ausfüllen zu lassen.

Nur in einem Punkt wollen wir Laien den Juristen zu Recht nicht folgen. Die haben die Unterscheidung von Besitzer und Eigentümer eingeführt. Besitzer einer Sache ist für sie jeder, der eine Sache in Händen hält oder in Obhut hat. So dass es juristisch korrekt wäre, wenn ein Mieter erklärte, er sei Besitzer seiner Wohnung. Und jeden Stuhl, auf dem wir schon lange sitzen, besitzen wir auch im juristischen Sinne.

Früher gab es «Haus- und Grundbesitzer-Vereine». Denen müssen die Juristen so lange eingebläut haben, dass alle diese Besitzenden nicht Besitzer, sondern *Eigentümer* sind, dass manch Verein sich heute einfach «Haus und Grund» nennt. Jedes Mitglied darf sich seitdem entweder als Besitzer oder als Eigentümer fühlen. Wie er will! Aber ohne Gewähr. Der Rechtsweg ist ausgeschlossen.

Auf Ihren Gesundheitszustand! Das Wort «Drohkulisse» hat es mir angetan. Ich entsinne mich noch, wie ich es im Sommer 2002 in den Nachrichten gehört habe. Der Außenpolitiker Hans-Ulrich Klose hatte gegen den Irak eine glaubhafte Drohkulisse gefordert. Ob es nicht sprachlich besser gewesen wäre, eine glaubhafte *Drohung* zu fordern? Da ich bei dem Wort *Kulisse* an diese leicht umfallenden Täuschungsmanöver im Theater oder bei Filmszenen denken muss, scheint mir eine Droh*kulisse* gerade nicht glaubhaft. Ich höre dann den Ausruf: «Ist ja nur Kulisse!»

Wo ist die gute alte Drohung geblieben? Die einfachen Wörter kommen uns abhanden, weil die zusammengesetzten fachmännischer klingen. Daher kann man kaum mehr sagen: «Beide verband eine tiefe Liebe», das heißt heute: «Beide verband eine tiefe Liebe*beziehung*.» So lautet wohl der Fachausdruck. Fast sind wir soweit, dass man sein Glas erhebt und ausruft: «Auf Ihren Gesundheitszustand!» Oder dass man aus den Ferien schreibt: «Die Wetterverhältnisse sind hier wunderbar.» Die amtlichen Ausdrücke haben wir leider im Ohr.

Doch sind alle entschuldigt, denn wer wollte sich nicht fachmännisch ausdrücken? Da kommen uns die Worte, die vom Amtsdeutsch und von der Wissenschaftssprache geprägt sind, gerade recht. Nachdem das Fußballspiel verloren ging, sagt der Kapitän: «Vielleicht war die Erwartungshaltung der Fans einfach zu groß.» Die Wortwahl erkläre ich mir damit, dass eben das Wort *Erwartung* uns nicht so gegenwärtig ist wie Erwartungs*haltung*. Aber die längere Form passt nicht immer, denn groß sein kann wohl nur die Erwartung selbst.

Man hört schon, wie der Verleger seufzt: «Eine geringe Auflagen*höhe* führt zu einem weit höheren Kosten*faktor.*» Er wünscht sich daher etwas im Grenz*bereich* zu Werken mit Unterhaltungs*charakter.* Doch (Sie merken schon) meine Begeisterungs*fähigkeit* für diese Ziel*vorstellung* ist nicht sehr ausgeprägt.

Was wir da so gerne anhängen, sind oft Worte, die anzeigen sollen, man habe das Phänomen, das es zu benennen gilt, ganz durchschaut. Darum reden wir gern vom «Reform*prozess*», um anzudeuten, es wird ein langer Weg sein. Wir rufen: «Immer die gleichen Verhaltens*muster*», denn das soll zeigen, wir hätten nicht nur das Verhalten, sondern auch dessen Muster erkannt. So beweist man Kennerschaft. Und warum sagt der junge Mann reumütig: «Da mag auch eine Konkurrenz*situation* mit meinem Vater eine Rolle gespielt haben»? Weil er offenbar nicht nur die Konkurrenz sieht, sondern gleich die ganze Situation begreift.

Nun höre ich auch schon auf; aber nicht, ohne schnell noch einige Beispiele für diese Mode einzuschmuggeln: Das war diesmal eine etwas schwierige Übungs*einheit*, die auch für mich mit viel Arbeits*aufwand* verbunden war. Doch Sie sehen, es gibt durchaus Lösungs*möglichkeiten.* Hauptsache, es fehlte für Sie nicht der Spaß*faktor.* Der hebt die Stimmungs*lage*, das ist eine Erfahrungs*tatsache.*

Ist optional erhältlich Eine kleine Edelschmiede für handgefertigte Autos. Hab ich im Fernsehen erlebt. Der Unternehmer war sprachlich so modern, dass er auch automobiltechnisch ganz vorne mitspielen wird. Aber zunächst musste er mal zurückstecken, ausgerechnet beim Lieblingsmodell: «Für den MXC ist *international* Schluss», sagte er. Was mir auffiel, war, wie er das Wort «international» verwendete. Als vielsagende Chiffre. Aber man verstand ihn. Schon gar, als er das begründete: «Mit solch einem Typen können Sie *global* kein Fass aufmachen.» Es blieb ihm also nur der deutsche oder der europäische Markt.

Man versteht das schon deshalb, weil die Redewendung aus dem Fußball bekannt ist: «Für Ramelow ist international Schluss» heißt, er wird keine Länderspiele mehr bestreiten. Gut, kürzer kann man es kaum sagen. Aber «international Schluss» ist doch ästhetisch etwas gewöhnungsbedürftig.

«Mit einem Japaner könnten wir», räumte der Unternehmer im Fernsehen ein, «*perspektivisch* zusammenarbeiten.» Das muss man auch erst einmal verstehen. Es bedeutete nicht: Wir arbeiten zusammen und haben so eine Perspektive. Sondern: Perspektivisch gesehen, wäre irgendwann einmal eine Zusammenarbeit denkbar. Dieser Sinn ergab sich auch, als er fortfuhr: «Aber nicht mit BMW, denn die sagen zumindest *mittelfristig* Nein zum Turbo.»

Der Mann konnte diese Raum- und Zeitangaben in sehr knappe Adverbien verpacken. Und erwies sich damit als ultramodern. BMW sagt also «mittelfristig Nein». Genau genommen, sagen diese Leute nichts, was mittelfristig wäre, sondern ihr Nein bezieht sich auf eine mittlere Frist. Gut, man hat es ja gleich begriffen. «Auch bei uns wäre», sagte der Autounternehmer, «kein Turbo *aktuell* lieferbar. Aber ein Kompressor ist *optional* erhältlich.»

Besonders dieses Wort «optional» hatte es mir angetan. Heute werden ja Sonderausstattungen immer als Optionen gesehen. Nur könnte man nicht sagen, sie seien als Optionen erhältlich, denn eine Option kann man nicht kaufen.

Man *hat* nur als Kunde eine Option. Daher wird das elegant verpackt in ein Adverb: «optional erhältlich». So hat es sich eingebürgert.

Des Kompressors wegen wurde der Kleinunternehmer mit einem Plagiatsprozess überzogen und berichtete: «Erst hatten wir *brutal* Ärger.» Wieder so ein Adverb in ungewöhnlicher Verwendung. Brutal Ärger. Nicht brutalen Ärger, nicht auf brutale Weise Ärger, sondern: brutal Ärger.

Aber er krönte sein neues Deutsch noch mit dem Wort: «Schließlich gewannen wir *glücklich*.» Dieses sonderbare «glücklich» kannte ich auch schon vom Fußball. Es bedeutet nicht, dass jemand glücklich war, als er gewann. «Die Roten gewannen glücklich», heißt heute: «Nur mit viel Glück konnten sie siegen». Darum stehlen sich die Spieler am Ende eher oft unglücklich davon.

In diesem Sinne ende auch ich jetzt glücklich.

VII · Das möchte ich so nicht sagen wollen

Hinterkopf im Hintergrund Großes Familientreffen aller Wörter, die mit «Hinter-» beginnen. Eine traurige Sippe kam da zusammen. Ja, diese Wörter, die miteinander verwandt sind, treffen sich alle paar Jahre in einem Hinterzimmer. Zuerst traf das Hinterteil ein, dann erschienen die Hintertreppe und der Hinterhof. Der Hinterwäldler, eigentlich amerikanischen Ursprungs, schämte sich ebenso wie der Hinterbänkler aus dem Parlament. Sie alle nahmen Platz.

Es kamen – scheu um sich blickend – Hinterrücks und Hintersinnig hereingeschlichen. Die ganze Gruppe der Eigenschaftswörter hatte ebenfalls über ihr Image zu klagen, vor allem Hinterlistig und Hinterhältig. Arme Gesellen. Natürlich, man kennt den schlimmen Hinterhalt, aber warum gilt es als unglücklich, in der Hinterhand zu sein? Das Treffen wurde zum Hintertreffen, in das bekanntlich niemand geraten will. Ja, mit dieser Familie ist kein Staat zu machen. Aber es hieß, bald erscheine ein Aufsteiger, ein Wort, das mit Hinter- beginnt und dennoch in höchstem Ansehen stehe. Zuvor aber fanden sich zum Familientreffen die Verben ein. Etwas hintertreiben ist ebenso unbeliebt wie jemanden hintergehen oder Steuern hinterziehen. Alle suchten einen Platz ganz hinten.

Auch die Hintermannschaft wurde mitfühlend begrüßt. Es erschienen der Hinterkopf samt den Hintergedanken, die man darin angeblich bewahrt. Doch da! Vorgefahren kam der Hintergrund. Konnte das der Aufsteiger sein? Ja, er war es. Der Erste der Sippe Hinter-, der es geschafft hat. Zugegeben, ein Ausdruck wie «eine Frau mit Hintergrund» ist leider immer noch ziemlich zwiespältig, es kann ein guter und ein schlechter sein. Aber Herr Hintergrund reckte sich auf und gab sich als Sieger. Konnte er die Ehre der Sippe retten? Alle wollten es von ihm wissen.

Geklappt habe der Aufstieg, sagte er, über seinen Sohn, das war das Hintergrundgespräch. Bei Journalisten beliebt, weil da ein wichtiger Politiker aus erster Hand plaudert, der nur nicht zitiert werden will. Das Wort geht auf «background knowledge» zurück, das sind «Kenntnisse aus erster Hand». Dieses noch junge Hintergrundgespräch war selbst erschienen und konnte wiederum auf sein Kind verweisen, das tatsächlich noch weiter aufgestiegen ist. Es heißt Hintergrund wie sein Großvater, hat aber mit ihm fast nichts mehr gemein.

Alle Familienmitglieder lauschten, als vom neuen Aufstieg des Hintergrundes erzählt wurde. Es bedeutet heute meist «Grund und Ursache». Man sagt: «Hintergrund dieser Maßnahme ist …» Oder: «Die Aufstände haben ihren politischen Hintergrund in ethnischen Spannungen …» Mit anderen Worten, der Hintergrund ist heute, ohne jeden hinterhältigen Hintersinn, bei Journalisten das, was früher Grund und Ursache hieß. Vor diesem Hintergrund ist der Aufstieg verständlich.

Da klatschten die versammelten Familienmitglieder. Einer von ihnen hatte es geschafft! Am Hintertürchen weinten die Hintermänner vor Glück. Nur verstehen konnte es niemand, warum man heute Hintergrund sagt, wenn der Grund gemeint ist. Aber glücklich sein kann man ja, auch wenn die Hintergründe noch nicht bekannt sind.

Schtilfragen Es gibt ein Wort, das ich gar nicht gerne ausspreche, und deshalb bin ich froh, ihm hier nicht mündlich, sondern schriftlich eine Glosse zu widmen. Also los! Angefangen hat mein Problem vor vielen Jahren, als ich neu beim Rundfunk war. Da las ich im Studio einen selbst verfassten Text, den eine Kollegin von der Technik auf Band aufnahm. Bis sie mich unterbrach und sagte: «Sie haben eben von einem ‹Schtilbruch› gespro-

96 chen, Sie wollten sicher ‹S-tilbruch› sagen. Sollen wir das noch mal machen?»

Ich war wohl recht verdaddert. Aber dann habe ich mich schnell gefangen und den Satz wiederholt, diesmal mit «Stilbruch», wie es im Radio üblich ist. Und warum ist es üblich? Nur die Axt, sagen die Leute vom Radio, habe einen Schtiel, wohl auch die Gabel oder die Pflaume, während man Fremdwörter mit feinem S-t ausspricht. Die Leute vom Radio gelten als Menschen, die es wissen müssen.

Gut, ich nahm mir damals vor, immer genau zwischen einem deutschen und einem Fremdwort zu unterscheiden. «Im S-tadion war es schtill», pflegte ich nun zu sprechen, oder «der S-tudent saß in der Schtube». Nein, nach vielen Mühen sagte ich mir, so kann die Regel auch nicht lauten. Und tatsächlich, die Aussprachewörterbücher – ja, auch so etwas gibt es, und sie werden von Radiosprechern gewissenhaft zu Rate gezogen – erlauben meist beide Sprechweisen. Ob bei S-tereo oder der S-tola, beim Film-Schtar und beim Schtress … Wenn das Wort jedoch bei uns gar nicht heimisch ist, sprechen wir es besser mit S-t aus, etwa die Streptokokken oder das Stakkato.

Und wie ist es nun bei S-til und Schtil? Die Sache ist umstritten. Unter professionellen Radiosprechern gilt das eiserne Gesetz, man habe «Sprach-s-til» zu zeigen. Andere hochgebildete Leute außerhalb der Rundfunkanstalten sprechen hingegen von Schtilfragen. Und die Aussprachewörterbücher verzeichnen ganz in *deren* Sinne als erste empfohlene Aussprache: «Schtil». (Ich habe kaum gewagt, das in einem Funkhaus auszuplaudern.)

Die Regel der Wörterbücher ist auch historisch verständlich. Denn beide Wörter, Besenstiel und Sprachstil, haben eine gemeinsame Herkunft. Sie stammen von jenem lateinischen Wort «stilus», das sowohl den Stängel in der Natur wie den feinen Griffel zum Schreiben und, von ihm abgeleitet, die Schreibart bezeichnete. Es ist ein und dasselbe Wort, und es ist vor mehr als tausend Jahren als «Schtil» in unsere Sprache eingewandert. Erst als die feinen Leute

vor mehr als hundert Jahren begannen, an der Teetasse
ihren kleinen Finger zu spreizen, erfand jemand die Aussprache «S-til», weil er meinte, das habe eben mehr «Stil».
Also, in Wirklichkeit ist Stil ein ziemlich deutsches Wort.

Die Regel lautet, da sind sich alle einig: Deutsche Wörter
und Lehnwörter werden am Anfang «Scht …»» ausgesprochen. Sonderbarerweise nur am Anfang. Ein «st» im Wort
selbst wird «s-t» ausgesprochen. Deshalb sagen wir, um es
mal an zwei Ostseestädten zu verdeutlichen, «Schtralsund»
aber «Ros-tock». Ebenso «Schtrophe», aber «Katas-trophe».
Oder eben Schtil …

Doch wäre es vergebliche Mühe, wollte man die neue
Vornehmheit im Radio nun mit Stumpf und Stil ausrotten.
Nein, lasst die feinen Leute gewähren.

Mit eigenen Augen gesehen Eine besonders reizende
Frau in meiner Familie sagt
oft mit leichtem Seufzen: «Es ist so schönes Wetter *draußen*!» Den Satz muss man zu deuten wissen. Zunächst ist
an ihm ja nichts Auffälliges. Doch warum dies Seufzen,
ausgerechnet bei schönem Wetter? Den Grund verrät uns
das «draußen», das überflüssig scheinen könnte, weil sich
Wetter ja gewöhnlich nicht gerade drinnen abspielt. Dennoch ist in dem Stoßseufzer das Wörtchen nicht unnötig,
denn es sagt uns das Entscheidende. Als Fortsetzung klingt
darin an: «… und ich muss hier drinnen sein!»

Von Sprachfreunden sind Ausdrücke, die Überflüssiges
zu enthalten scheinen, oft gerügt worden, doch sollte man
sich von diesen Leuten nicht so leicht irre machen lassen.
Jedoch stolpere auch ich manchmal über Zusätze, die mir
entbehrlich scheinen. In einer Zeitung stand, als der Präsident Liberias gestürzt werden sollte: «Die *letzten* Tage des
Diktators sind gezählt.» Nun heißt die biblische Redewendung aber einfach: «Seine Tage sind gezählt.» Und das bedeutet sowieso, es geht um seine letzten.

In einem anderen Bericht war von einem Berater des

englischen Premiers Blair dies zu lesen: «Man glaubt, dass seine Tage *bald* gezählt sind.» Und wieder schien mir, man dürfe der schönen Wendung nichts anhängen, auch kein «bald». Sie verliert dabei.

Interessant sind überhaupt nur die Zweifelsfälle. Es mag meine Marotte sein, auch an dem folgenden Satz, der die politische Gliederung der Bundesrepublik zum Thema hatte, Anstoß genommen zu haben: «Wie vorteilhaft ein solcher dezentraler Aufbau ist, wissen gerade die Deutschen *zu schätzen.*» Das kann man durchgehen lassen, vielleicht sogar besonders klar formuliert finden, weil der Sinn eben zweimal aufscheint, einmal in «vorteilhaft» und dann in der Wendung «zu schätzen wissen». Egal. Es soll mir ja auch nur als Beispiel dafür dienen, dass die Fälle, über die man diskutieren kann, die eigentlich lohnenden sind.

Manchmal ist es eine Frage des guten Geschmacks, zum Beispiel wenn uns die kleinen verstärkenden Modewörter einfach zu viel werden: «Da fehlt es noch an *konkreten* Lösungsmöglichkeiten.» Irgendwie müssen Lösungen heute konkret sein (ganz abgesehen davon, dass es keine Lösungen mehr sind, sondern Lösungsmöglichkeiten). Sollte man das ändern? Mit *gezielten* Maßnahmen hätte man vielleicht *reale* Chancen, zu einem *wirklichen* Erfolg zu kommen. *Nähere* Einzelheiten sind noch nicht bekannt ... Nein, diese Duftmarken (und weitere Mitbewerber) könnte ich entbehren.

Als angebliche Verdoppelung des Ausdrucks wurde früher auch der Brunnquell genannt, der doch so poetisch klingt, ebenso der Haderlump (weil Hadern bereits Lumpen sind) und der Guerillakrieg, der längst in unseren Wortschatz übergegangen ist. Sogar das Händehandtuch wurde beanstandet! Als ich davon las, ging mir überhaupt erst auf, dass ein Handtuch ursprünglich nur für die Hände da war, als man sich den Körper offenbar noch nicht so oft wusch. Doch seit das Wort seine Bedeutung ausgeweitet hat, musste es wieder spezifiziert werden. So entstand das Händehandtuch. Und wir lieben es.

Während Sie dies lesen, sind Sie hoffentlich *persönlich* anwesend und haben es mit Ihren *eigenen* Augen gesehen, wie ich Sie hier vor *vollendete* Tatsachen gestellt habe.

Ein bisher beispielloser Fall Wenn wir im Sportteil von einer deutschen Spielerin lesen: «In Wimbledon ist sie schon nach dem ersten Spiel *wieder* ausgeschieden», scheint das derart traurig, dass wir wirklich keinen Blick für die kleine sprachliche Überflüssigkeit haben können, die sich hier eingeschlichen hat. Ich wage kaum, es hier anzustreichen, doch das «wieder» wäre entbehrlich. Aber so reden wir, so schreiben wir. Ein bisschen Redundanz darf sein, muss sein. Was wir hören, ist: Die Spielerin sei gleich «wieder draußen» gewesen. Jetzt wäre das «wieder» ja auch in Ordnung.

Doch heißt es bei Grammatikern, Pleonasmus (also jedes überflüssige Wort) sei zu vermeiden, und niemand wagt es, die Vorschrift wieder abzuschaffen. Da ist das «Wieder» schon wieder! Und wenn Sie einmal sagen sollten: «Ich habe das Abo schon nach drei Monaten wieder gekündigt», dann kann ich Ihnen gratulieren für die klare Aussage (auch wenn es hier ebenfalls ein Wieder zuviel gibt). Was das Abo betrifft, haben Sie ja nur den alten Zustand wiederhergestellt ... Ätsch, ätsch, in diesem Fall war das «wieder» ganz gerechtfertigt. Jedenfalls ist das meine Vermutung.

Deswegen wiederhole ich hier noch einmal ... Nein, das dürfte ich so nur schreiben, wenn ich es schon einmal wiederholt hätte. Sonst wäre das «noch einmal» überflüssig, denn seine Bedeutung steckt ja schon in «wiederholen». Also, ich komme noch einmal auf meine erste These zurück ... Na ja, jetzt lassen Sie sich nicht mehr aufs Glatteis locken. Sie sind eben bereits schon einmal reingefallen. (Über jenes «bereits» debattieren wir jetzt nicht.)

Redundanz muss sein, denn sie hilft unserer Verständigung. Gemeint ist damit eine zusätzliche Information, ein

Bestandteil, den man, logisch gesehen, streichen könnte. Gar in der Rede ist sie besonders nötig, weil im Rauschen unserer Worte so vieles untergeht. Darum serviere ich Ihnen jetzt noch ein paar Beispiele, die man doch bitte (Hallo, ihr Logiker!) nicht immer beanstanden sollte. Wieder geht es um Zeitangaben und Ähnliches: «Das Paar hatte sich 2001 *zum ersten Mal* kennen gelernt. Während der Mann die Begegnung lange *im Voraus* geplant hatte, ist die Frau längst überzeugt: Weitere Treffen wird es *in Zukunft* nicht mehr geben.»

Im Blick auf den großen Albrecht Dürer sagte ein Museumsdirektor: «Mit ihm beginnt vieles *zum ersten Mal.*» Auch in den beiden folgenden Sätzen wäre ich eher fürs Streichen: «Dabei geht es um einen *bisher* beispiellosen Fall.» Denn ich meine, alle anderen Fälle, die zum Vergleich dienen könnten, müssen sich schließlich «bisher» ereignet haben. Doch mein schönster Fund aus der Zeitung ist dieser: «Geplant ist die größte Demonstration in Italiens *bisheriger* Geschichte.» Da ist entschieden etwas zuviel! Ich sage das mit *bisher* ungewohnter Deutlichkeit. Doch im Übrigen gilt: Wir alle dürfen redundant reden und schreiben. Hauptsache, die Verständlichkeit ist immer aufs Schönste gewahrt.

Ich wiederhole noch einmal … Nein, Ihre Aufmerksamkeit hat ja schon lange wieder nachgelassen. Dabei haben Sie hier doch manches Problem zum ersten Mal kennen gelernt. Weitere Belehrungen wird es also in Zukunft nicht mehr geben.

Ich pflege normalerweise … Die Leute vom Goethe-Institut sind echt höflich. Schon am Telefon lächelte die Referentin hörbar und meinte dann: «Ich würde gern mit Ihnen eine Veranstaltung planen wollen.» Diese Art zu reden kam mir immer schon taktvoll vor, da nimmt sich einer zurück. Aber woran liegt das? Es ist wohl das nachklappende «wollen», das einerseits überflüssig scheint, andererseits doch ein Signal

aussendet. Es besagt: Ich möchte das wollen, aber Sie können Nein sagen.

Es klingt mir wie ein einziges Wohl-Wollen. Und es war
wirklich so gemeint. Recht bald antwortete sie auf meine
Frage nach den Strapazen einer solchen Unternehmung
ganz zustimmend: «Das möchte auch ich niemandem zu-
muten – wollen.» Natürlich verlockte es mich, diesen Höf-
lichkeitstick einmal selbst auszuprobieren. «Ich würde das
gern», brummte ich, «etwas anders formulieren ... wollen.»
Einfach dieses letzte Wort im Satz wegzulassen, das traute
ich mich nicht mehr.

Woher mag die Angewohnheit stammen, die den Sätzen
jene verbindlich-unverbindliche Höflichkeit verleiht? Ich
weiß es nicht. Vielleicht ist das entstanden aus einer
(durchaus noch vertretbaren) Formulierung wie: «Ich *würde*
das nicht sagen wollen.» Klingt ja so ähnlich wie: «Ich
möchte das nicht sagen wollen.» Und schon ist beides verwechselt worden. Kann man das noch abschaffen? Also,
was mich betrifft, mir fiele es schwer, da noch Hoffnung
haben zu können. (Mit «können» geht es also auch!)

Das Geld sei knapp, hörte ich durchs Telefon, und es
komme künftig noch schlimmer. «Die öffentliche Hand
wird weiterhin gezwungen sein, ihre Ausgaben einschrän-
ken zu müssen.» Wenigstens hatte die liebenswürdige Referentin mal das Hilfszeitwort verändert: müssen statt wollen. Auch drohe, meinte sie, der Weggang ihrer beliebten
Chefin: «Die Präsidentin wird bei ihrer Absicht bleiben,
keine zweite Amtszeit übernehmen zu wollen.» O ja, da war
es wieder, das Wollen. Doch diesmal verstärkte es leider
das, was zuvor schon als Absicht benannt worden war. Da
meine Referentin von ihrem privaten Telefon aus mit mir
sprach, begründete sie das mit dem Hinweis, sie habe die
«Genehmigung, zu Hause arbeiten zu dürfen». Mal ein anderes Verb zum Schluss.

Während ich schon die große Wortschere suchte, die immer das Ende abschnippelt, kam sie auf die soziale Seite
unseres Plans. «Es ist ja bekannt, dass die Öffentlichkeit ge-

meinhin nicht gerade sanft mit älteren Autoren umzuge-
hen pflegt.» Schon wieder was zum Abschneiden! Sie aber
war offenbar sozial ganz anders eingestellt. «Unsere Vortra-
genden sind es gewohnt, üblicherweise erster Klasse zu rei-
sen», sagte sie. Das tröstete mich, während ich noch suchte,
wo im Satz ich diesmal was rausschneiden könne.

«Ja», wollte ich ihr gerade zustimmen, «ich pflege normalerweise …», da glaubte ich ein Murren zu hören, und
wenn ich es richtig verstanden habe, sollte es besagen: entweder *pflegen* oder *normalerweise*! Doch das sprach sie nicht
aus. Dazu war sie viel zu höflich.

Ein Mahner für gutes Deutsch Von meiner Sparkasse
bekam ich zum Jahres-
wechsel einen freundlichen Formbrief, in dem es am
Schluss hieß: «Wir grüßen Sie mit dem Wunsch für viel Erfolg im neuen Jahr.» Meist liest man über solch eine Kon-
struktion hinweg, und gewiss hat ein Dutzend Augen in
der Sparkasse den Text des Kundenbriefes geprüft, niemandem ist etwas aufgefallen. Mir schon, da hatten diese
Leute Pech. Wirklich: «… Wunsch für viel Erfolg»? Zumindest ist einem das fremd. Üblich und elegant wäre es ja,
würde man statt des Substantivs «Wunsch» einfach das
Wünschen einsetzen. Dann hieße es: «Wir wünschen Ihnen viel Erfolg.»

Oder wenn man schon das Wort Wunsch verwenden
will, könnte man mit einem Nebensatz fortfahren: «Wir
grüßen Sie mit dem Wunsch, dass Sie viel Erfolg haben.»
Aber wer liebt heutzutage schon Sätze? Es geht um Substantive, und die müssen irgendwie mit einer Präposition
zusammengeklebt werden. Herauskommt: «Wunsch für
viel Erfolg.» Das Dumme ist nur, dass man leider an viele
Substantive nicht – bloß mit einer Präposition – schon das
nächste anhängen kann.

In einer Zeitung wurde gemeldet, ein Oberbürgermeister
habe «die Notwendigkeit zur Sparsamkeit» unterstrichen.

Man begreift es ja und weiß, so entstehen eben die schnell verfassten Texte. Aber «Notwendigkeit zur Sparsamkeit» ist doch etwas hart. Einfach weil sich das Wort «Notwendigkeit» nicht konstruieren lässt. «Sparsamkeit ist eine Notwendigkeit», das geht. Oder einfach: «Sparsamkeit ist notwendig.»

Ich finde immer neue Beispiele, seit mir aufgefallen ist, wie heutzutage Hauptwörter zusammengeklebt werden, als sei alles möglich. «Geringe Erwartung auf Ergebnisse beim Gipfeltreffen», ist eine typische Schlagzeile. Ich meine, «Erwartung auf Ergebnisse», das läuft eigentlich nicht. Auch keine andere Präposition will passen. Wenn man so in Hauptwörtern denkt, wie es üblich ist, muss man wohl manchmal scheitern. «Erwartung» und «Ergebnisse» lassen sich nicht zusammenfügen. Doch auch hier geht es elegant mit einem Verb: «Kaum Ergebnisse erwartet».

Nun sagen Sie hoffentlich nicht von mir: «Seine Sorgfalt für die Sprache ist doch übertrieben.» Nein, obwohl das Kleben immer wieder versucht wird, auch «Sorgfalt» und «Sprache» kommen so schnell nicht zusammen. Es muss schon ein wenig mehr sein als eine einzige Präposition. Nett klänge doch: «Seine Sorgfalt im Umgang mit der Sprache …» So viel Zeit müsste sein.

Wenn Sie jetzt auch noch spotten: «Hirsch, der Mahner für ein sauberes Deutsch», sollte ich wohl bescheiden protestieren. Denn, Sie merken schon, auch das Wort «Mahner» halte ich für nicht konstruierbar. Man ist ein Mahner, basta. Und was der Kerl anmahnt, das folgt in einem Satz. Vielleicht bittet er ja mahnend um gutes Deutsch?

Ihre Kennerschaft der Sprache Nur eine kleine Prüfung! Es geht um Ihr Wissen in Linguistik. Aber bitte, bitte, keine Sorgen. Das war schon der Test, und Sie haben gleich gemerkt, dass «Wissen in …» irgendwie nicht gelungen klingt. «Sein Wissen in Geschichte war nicht groß.» Nun ja, man sagt es so. Aber das Wort

«Wissen» gehört meines Wissen ebenfalls zu den Begriffen, an die man kein anderes Substantiv anhängen kann.

Ich sag' es ja, verehrte Leserinnen und Leser: Ihre Kennerschaft der Sprache ist einfach souverän. Und schon wieder stutzen Sie, von mir sensibilisiert, bei dieser Wortverbindung. «Kennerschaft der Sprache»? Nein, Sie zeigen Kennerschaft. Und das allenfalls «auf dem Gebiet» der Sprache, wenn es schon sein muss, dass man einen so prächtigen Begriff parzelliert. Kennerschaft! Aber es gibt genug Zeitgenossen, die meinen, mit jedem Substantiv lasse sich das nächste verbinden. Wozu haben wir die Präpositionen? «Die Partei demonstrierte Geschlossenheit zu ihrem Chef.» So stand es im «Spiegel», doch ich finde, dass man nur Geschlossenheit demonstrieren kann. Schluss – und gut! Sodann könnte man den Satz fortführen: «… und stand zu ihrem Chef».

Wer Sätze aus Hauptwörtern zusammenfügt (und Journalisten tun das professionell), greift in seiner Not auch gern zur Klammer «gegenüber» oder «hinsichtlich». Wer es nicht tut, macht die Sache manchmal noch schlimmer. «Die Pianistin ist für ihre Anhänglichkeit an ihre Familie bekannt.» Gut, nein schlecht! Man zeigt Anhänglichkeit, aber ankoppeln lässt sich daran nichts. Wie gesagt, allenfalls «… gegenüber ihrer Familie». Auch nicht schön. Ebenso liest man über «Schiedsrichter und ihr Benehmen zu den Spielern». Ja, Leute, entweder hat man Benehmen oder nicht. Auch das Verb «benehmen» hat eigentlich keine Präposition, außer man sagt: «Er benimmt sich ihr gegenüber schlecht.» So ähnlich ginge es auch beim Substantiv: «Benehmen gegenüber den Spielern», doch ist auch das nur ein Notbehelf.

Manche Begriffe zeigen viel Autonomie, und das Wort Autonomie selbst gehört dazu. Es verbindet sich nicht. Dennoch liest man von der «Autonomie der Politik von der Wirtschaft». Oder auch von der «Autonomie der Ukraine vom großen Nachbarn». Geht aber nicht. Gemeint ist wohl die «Unabhängigkeit von …» Die ginge notfalls, obwohl

auch sie nur eine halb erlaubte Abwandlung der guten al- **105**
ten «Abhängigkeit von …»» ist. Und dort liegt ja auch ein
passendes Verb mit Präposition zugrunde: Ich bin «von»
etwas abhängig.

Ganz schwer leiden die Gerichtsreporter, die berichten:
«Er wurde verurteilt wegen Totschlags» und die dann noch
das Opfer nennen wollen. Sie schreiben «… an seiner
Frau». Der Delinquent hat natürlich nicht «an seiner Frau
totgeschlagen». Nein, Totschlag ist kein Tun, eher eine juristische Kategorie. Man wird ja auch nicht angeklagt wegen «Raubes an einem Kaufmann».

«Die Börse zeigte viel Optimismus in die Entwicklung
der Chemiewerte.» Inzwischen brauche ich die Dinge ja
nur noch zu zitieren. «Kein Ausverkauf an Amerika!» Ich
bitte Sie, beim Ausverkauf gibt es ohnehin nie einen einzelnen Kunden.

Dennoch, meine persönliche Zuversicht *in* die Entwick-
lung der Sprache ist nicht erschüttert. Alles war nur ein
Test *für* Ihr Können. Nein, ich erhebe keinen Vorwurf *über*
Ihr mangelndes Wissen! Sie haben bestanden.

Die Für-Sorgerin   Ich staunte über den Satz eines Spit-
zenpolitikers: «Die transatlantischen Beziehungen sind der Eckpfeiler *für* den Frieden.» Ob es nicht
«Eckpfeiler *des* Friedens» heißen müsse, fragte ich die kluge
Pressesprecherin, die mir gegenübersaß, doch sie wusste es
besser. Das Wort «für» strahle viel Optimismus aus. Es sei
modern. Es breite sich aus. Man sage ja auch: «Dieser
Turm ist ein Symbol *für* den Wiederaufbau.» Wollte man da
den Genitiv verwenden, so klänge das leer und kraftlos.
«Ein Symbol des Wiederaufbaus …»

«Das ist mir aber neu», entgegnete ich. «Sehen Sie», sagte die Pressesprecherin, «für mich war das schon lange
klar.» Sie ließ mich damit ahnen, dass es heutzutage eben
nicht mehr heißt «mir ist das neu», sondern *«für mich* ist das
neu». Auch der reine Dativ wird offenbar unmodern. «Ich

mache den Trend mit», erklärte sie, «denn ich möchte ja *für* meine Kollegen ein Vorbild sein.» Gerade wollte ich noch murmeln «meinen Kollegen ein Vorbild», da merkte ich, wie schlaff so ein nackter Dativ ist – im Gegensatz zum optimistischen «für».

Sie war eine richtige Für-Sorgerin. «Nach der Flutkatastrophe», so erinnerte sie sich, «haben wir in Pressetexten die Helfer als ‹Helfer *für* die Geschädigten› gerühmt. Finden Sie nicht auch, dass dieses ‹für› einfach sympathischer klingt als ‹die vielen Helfer *der* Geschädigten›? Mit solchen Formulierungen», fuhr sie fort, «soll zugleich die Anziehungskraft *für* das Helfen allgemein gestärkt werden.» Wieder hätte ich fast protestiert mit dem schlichten Genitiv: «die Anziehungskraft des Helfens». Aber ich musste zugeben, das «für» brachte genau den Gefühlsschub, den man sich hier wünscht.

«Bleiben wir gleich bei der Flutkatastrophe», meinte sie. «Die Feiern zum Abschluss boten, so haben wir damals geschrieben, ‹Gelegenheit *für* einen besonderen Dank.› Man muss nämlich auch das Wörtchen «zu» vermeiden, es wirkt so zugeknöpft. Deshalb haben wir auch lieber gesagt: ‹Es gibt keine Alternative *für* die Nachbarschaftshilfe. Diese Hilfe eröffnet neue Wege *für* ein besseres Verständnis untereinander.› Wer die Wirkung dieses Wörtchens zu schätzen weiß, hat wohl Anlass *für* große Genugtuung.»

Ich hatte endlich gelernt, dass man ‹für› gar nicht oft genug einstreuen kann. «Ich bin dafür!», rief ich, denn wer will schon dagegen sein, als ewiger Pessimist. So probierte ich es gleich weiter aus: «Dann muss ja mein Sprachgebrauch geradezu herausfordernd *für* Sie gewirkt haben.» Sie war glücklich, dass ich umlernen wollte, und rühmte mich: «Ja, ja, Sie haben offenbar viel Interesse *für* diese Sachen.» Auch ich machte ihr ein Kompliment: «Das war wirklich ein Anschauungsunterricht *für* das, was heute in der Sprache vorgeht.» Sie zeigte sich ebenfalls beeindruckt: «Und das von Ihnen, einem Kenner, den man respektiert *für* seine konservative Haltung!»

VIII · Hemmungen kannte der keine

Wichtick ist das Matrijal Mein Blick fällt auf eine Briefmarke zum Thema «Lebens-
langes Lernen». Ihre Gestalter können, offen gestanden,
selbst noch etwas lernen. Zitiert wird der Vers aus dem
vierten Streich von Max und Moritz: «Also lautet ein Be-
schluss, dass der Mensch was lernen muss.» Doch die Ver-
antwortlichen haben für ihre Zwecke einfach weiterdichten
lassen: «Lernen kann man, Gott sei Dank, aber auch sein
Leben lang.» Armer Wilhelm Busch, du hättest so nicht ge-
reimt. Denn in diesem Vers soll sich tatsächlich *Dank* auf
lang reimen. Ein Irrtum. Und wie es dazu kam, sollten wir
zu verstehen suchen.

Sehen wir uns einmal das Schicksal der West- und Süddeutschen an. Die sagen ja von Haus aus: «Das find isch
rischtisch!» So etwa unser Exkanzler, der Pfälzer Kohl. Um
ihre Schwäche auszugleichen, fallen diese Mitmenschen
nun ins andere Extrem und sagen «richtikkk». Nein, leider
nicht ganz richtig ohne das weiche ch am Ende, diese schöne deutsche Spezialität, die uns kaum ein Ausländer nachsprechen kann. Sie geht nun verloren. Stattdessen hören
wir das harte k am Schluss. Um nun aber nicht wieder das
Falsche nahezulegen, nenne ich jetzt ein paar Wörter, die
alle dieses weiche *ch* haben: Mit dreißig ist ein König wenig
wichtig. Ja, so hat's eigentlich mal geklungen, seidenweich.
Aber selbst der hoch gebildete Badener Wolfgang Schäuble
sagt: «Da sollten wir uns einick sein.»

Nun möchte ich aber nicht nur gegen die Pfälzer und
Schwaben stänkern! Denn auch die Norddeutschen können so manches nicht. Etwa bei Fremdwörtern. Man hört
dort von *Matri-jal* reden, mit der Abfolge *i-j*, obwohl es
doch von der Materie kommt und also Maté-ri-al heißen
müsste. Ebenso ergeht es dem Wörtchen ideal, das ge-

wöhnlich wie *idijahl* klingt, obwohl doch die Idee mit ihrem langen *e* darin steckt. Wenigstens reimt sich beides nun fast: Das Matrijal ist idijal.

Außerdem hat auch die Norddeutschen längst die neue Härte am Wortschluss erfasst. Unser armes, weiches ch! Es schwindet selbst in der Tiefebene. Die erregte Mutter ruft, wenn die Hausaufgaben schon wieder ausfallen sollen: «Die sind wichtikkkk!» Und der Vater erklärt seinem Sohn: «Da geht's lankkkk!» Warum nur? Ich erkläre mir das so: Der harte Ausklang erhöht die Autorität des Sprechenden. Sie macht was her. Leider. Gleich wird unsereinem ganz bankkk zumute. Damit wäre auch erklärt, warum auf besagter Briefmarke sich Dank und lang reimen sollten.

Unsere Freunde aus Westfalen lieben die harten Endungen sogar so sehr, dass sie auch da, wo es eigentlich keine Chance gab, noch eine Schärfe erfinden, nur um mit Knall aufzuhören. Ebent!

Wir in Hannowwer Das Jahr 2001 war ein Verdi-Jahr, denn Giuseppe Verdi starb hundert Jahre zuvor, 1901. Während des Jubiläums wurde aber in Deutschland ein besonders grausamer Kalauer geboren, als die «Vereinigte Dienstleistungs-Gewerkschaft» gegründet wurde. *Ver*einigte *Di*enstleistung, das wurde in dem launigen Namen «ver.di» zusammengezogen. Am liebsten spreche ich den Namen so aus: *fer-di!* Denn nur so kann man ja die beiden ersten Silben im Deutschen zusammenfügen. Ausgesprochen werden will das neue Gebilde aber *wer.di*, vielleicht in Erinnerung an den Maestro und seinen Gefangenenchor («Flieg, Gedanke …»), der ja bei allen unterdrückten Sozialisten zu Recht beliebt ist.

Abkürzungen, die auf ein «vereinigt» zurückgehen, hat es auch zuvor gegeben, etwa die VEBA, die Vorgängerin der e.on, deren *V* eine «Vereinigte» andeutete, was richtig wie *F* ausgesprochen wurde. Bei der Batterie-Firma VARTA, eigentlich derselbe Fall, wurde allerdings in der Aussprache

ein *W* gemacht aus dem F der «Vereinigten» Akkumulato-
renwerke.

Es gibt eine klare Regel: In *deutschen* Wörtern wird ein V wie *F* ausgesprochen, in fremdländischen Wörtern meist wie *W*. Die Sache wäre einfach, wenn man immer wüsste, was ein deutsches Wort ist. Nehmen wir eine eindeutige Gruppe, die deutschen Ortsnamen. Als Hannoveraner kann ich ein Lied davon singen. Das Wort hört sich oft sonderbar an. Weil die hochgebildete Lektorin Frau Dr. S., eine Österreicherin, mit der ich viel und gerne zu tun hatte, meine Stadt immer *Hannowwer* nannte, kam ich mal wie zufällig auf eine Stadt in ihrer Heimat zu sprechen und sagte: «Ich fahre demnächst nach *Willach*.» Noch heute spüre ich den Luftzug, den ihre höchst lebhafte Verbesserung erzeugte, als sie «Fffff-illach!» rief. Ich müsste eigentlich sagen, sie hat das Wort gepfiffen. So übten wir nun auch Hannofffer.

Schwer tragen die Orte an ihrem Schicksal, die mit *V* beginnen und sich doch Velbert, Viersen oder Villingen nennen, Vechta, Verden oder Varrel. Selbst ein *Bremerhawwn* hört man, ebenso *Cuxhawwn*, so dass es uns nicht wundern kann, dass auch der beliebte Ludwig van ... zu einem gewissen *Beethowwn* verfälscht wird, selbst im Rundfunk.

Besonders notleidend aber ist die friesische Stadt Jever. Denn es gibt eine Brauerei, die sich diesen Namen zu Eigen gemacht hat, um für ihr Pils damit auf eine Weise Reklame zu machen, die wir nicht gutheißen können. Die Werbeabteilung sitzt leider in Hamburg. Wahre Trottel müssen das sein. «*Jewwer*», sagen die Sprecher in der Werbung, wobei sie sich deutlich an die englische Hafenstadt Dover angelehnt haben. Doofer geht's nicht.

Das Englische hat uns auch den Namen David, der – immer *Dafid* gesprochen – seit tausend Jahren eingedeutscht war, neuerdings mit *W* sprechen lassen. Meinetwegen. Wenigstens die Eva ist uns meist noch mit *F* geblieben. Und auch beim Beethoven steht wenigstens das «van» weiter unangefochten da. Doch wohl nur solange, bis ein Autohersteller auf die Idee kommt, seinen neuen Van einfach – ‹Van Beethoven› zu nennen.

Das Ende versickert Wahrscheinlich ist es ja mein Problem! Ich gehöre zu den kindlichen Typen, die auch dann, wenn sie stumm mit den Augen einen Text lesen, ihn in seiner Satzmelodie hören. Und das macht mein Lesen nicht nur langsam, es lässt mich auch stolpern. Und zwar dann, wenn ich am Satzende bin und merke, dass die Betonung schon irgendwo früher im Satz hätte liegen müssen. Nehmen wir ein Beispiel (bitte laut lesen!): «Vor der größten Erweiterung in ihrer Geschichte steht die Europäische Union.»

Gewiss, im Deutschen kann man die Wortstellung fast wählen, wie man will. Insofern ist dieser Satz ganz in Ordnung. Aber irgendwie läuft das nicht: «Vor der größten Erweiterung in ihrer Geschichte steht die Europäische Union.» Wir wünschen uns, dass die Pointe am Schluss steht, und dann müsste es heißen: «Die Europäische Union steht vor der größten Erweiterung in ihrer *Geschichte*.» Profis schreiben tatsächlich meist so, dass diese erwartete Satzmelodie eintritt.

Ja, ich gestehe es, wenn ein Satz am Ende versickert, scheint er mir kraftlos: «Eine erneute juristische Tätigkeit erwogen beide zunächst nicht einmal.» Frei sprechen kann man diese Wortstellung durchaus. Denn selbst weiß man eben, dass schon zu Beginn dieses «erwogen» betont werden muss: «Eine erneute juristische Tätigkeit *erwogen* beide zunächst nicht einmal.» Das geht. Aber als Leser brauchen wir es anders, und deshalb gehen Autoren gern ins Perfekt, um das Wichtige an den Schluss zu kriegen: «Eine erneute juristische Tätigkeit haben beide zunächst nicht einmal *erwogen*.»

Wenn jemand einen Text vorlesen soll, den er nicht gut kennt, beginnt er jeden Satz zunächst schwebend unbetont, und wenn ein Komma oder gar der Punkt naht, sucht er schnell noch die Betonung loszuwerden; die Chance, dass dieser Akzent ins deutsche Satzende passt, ist tatsächlich groß. Nur schade, wenn man solch einen Schlaffi unter den Sätzen vorzulesen hat: «Viele kündigten ihre Mitgliedschaft nach einem Monat *wieder*.» Da hätte der Vorleser eben schon bei «kündigten» die Betonung setzen müssen. Es sei denn, der Satz hätte gleich so gelautet: «Viele kündigten ihre Mitgliedschaft schon nach einem *Monat*.» Denn dieses Wort verträgt den Ton nun wirklich ebenfalls. Oder wir gehen auch hier ins Perfekt, damit das Verb an den Schluss rückt: «Viele haben ihre Mitgliedschaft schon nach einem Monat wieder *gekündigt*.»

Mit solchen Fragen der Satzmelodie müssen sich eigentlich nur diejenigen plagen, die etwas laut vorlesen sollen. Oder Leser wie ich, die selbst beim stummen Überfliegen einer Zeitungsmeldung noch Satzmelodien hören. Die sind arm dran. Aber das ist, wie gesagt, mein Problem. Daher versuche ich es jetzt mit einem Satz, der sich echt verläuft, auch wenn er nur gedruckt ist: «Die Freundschaft hört auf beim Geld.» Na, gut, meine Leser sind jetzt präpariert, auch wenn sie sich noch nicht ganz auskennen sollten. Verändert haben sie sich jedoch bereits ...

Ihren Ausweis haben Sie dabei? Ich brauchte einen neuen Reisepass. Den bekommt man bei uns nicht mehr auf einem Amt, sondern im Bürgerbüro. Der Umgangston ist dort tatsächlich menschenfreundlich. Die Beamtin sagte, als ich meinen Wunsch vorgetragen hatte: «Ihren Ausweis haben Sie dabei?» Ja, den hatte ich dabei, aber ich überlegte, was mir an ihrer Frage so freundlich vorgekommen war. Sanft hatte das geklungen. «Ihren Ausweis haben Sie dabei?» Und allmählich merkte ich, es war die Reihenfolge der Worte im Satz. Sie hatte die Wortstellung nicht des normalen Fragesatzes, sondern eines Hauptsatzes gewählt. Und die klingt nicht gleich derart examinierend, gar drohend, wie es eine echte Frage getan hätte. Ich denke, Sie hören das auch so: «Haben Sie Ihren Ausweis dabei?»

Sonderbar, erst bei dieser freundlichen Amtsperson wurde mir klar, warum im Deutschen die echte Frage immer mehr aus der Mode gekommen ist. Man sagt nicht: «Bist du anderer Meinung?» Nein, man wählt die Wortstellung, mit der wir eigentlich nicht fragen, sondern feststellen. Und sagt: «Du bist anderer Meinung?» Eine Feststellung mit dem Unterton: «Das wäre in Ordnung.» Und eine Einladung, sich frei zu äußern. Es klingt wie: «Du bist gewiss anderer Meinung.» Ja, es wirkt großzügig. Hingegen hört unsereins – seit Kindertagen vorgeschädigt – bei der guten alten Frage das «etwa?» mit: «Bist du etwa anderer Meinung?»

Natürlich, man muss noch erreichen, dass, trotz dieser normalen Wortstellung, der Satz wie eine Frage klingt. Ganz einfach, man geht, wie bei der richtigen Frage, mit der Stimme am Ende hoch. Ein Junge steht vor mir, und ich frage: «Du bist der Simon?» Das wird als Vermutung vorgetragen, die sich nur am Schluss durch die Satzmelodie als Frage erweist. Reicht die Stimmführung nicht aus, hängt man ein «ne?» an, es kann auch ein «oder» sein. «Du bist der Simon, oder?»

So ist das. Aber erst die sanfte Beamtin ließ mich erkennen, warum eine Frage ohne die richtige Wortstellung heute der Normalfall ist. Da kommt dieser bohrende Ton nicht auf, alles klingt wie eine wohlwollende Vermutung. Zu den Gästen, die sich gerade von der Gartenparty davonschleichen, sagt man: «Ihr wollt gehen?» Damit gesteht man ihnen dieses Fluchtverhalten beinahe schon zu. «Wollt ihr gehen?» hat hingegen leicht den Unterton der Empörung.

Nur wenn man selbst etwas anbietet, muss man noch die alte Wortstellung beachten. «Ich darf Ihnen behilflich sein?» Das wirkt etwas aufdringlich. Und darum sage ich jetzt auch nicht: «Sie wollen noch ein Beispiel lesen?» Sondern frage, mich dabei selbst in Frage stellend: «Wollen Sie noch ein Beispiel?» Das macht es Ihnen, glaube ich, leich-

ter, Nein zu sagen. Und ich verstehe. Das war schon genug,
oder?

Die Liebe zu den Präpositionen Wie man im Radio oder im Fernsehen richtig spricht, das lernt man von den anderen, die das dort schon lange vorgemacht haben. Besonders die Satzmelodie muss so klingen, wie sie immer geklungen hat. Ein Fußballreporter vor der Übertragung eines Länderspiels: «Werfen wir einen Blick *auf* die deutsche Mannschaft.» Sonderbar ist allein, dass jenes unschuldige Wörtchen «auf» die Betonung trägt. Ja, es sind fast immer die Präpositionen, die mit einem kräftigen Akzent geehrt werden. Dann erinnert der Mann noch an «die Zeit *vor* der damaligen WM». Und kommentiert, was «*in* diesem Fall» anders ist.

So geht es während des Spiels weiter, da wird der Ball «*von* der Mittellinie *in* den Strafraum gegeben». Und Lahm erwischt ihn gerade noch «*mit* dem linken Fuß». Diese leicht schwachsinnige Betonung klingt, zugegeben, zackig. Der echte Sound der Sportreporter.

Das Zackige haben sich die meisten Sprecher, die schlicht Nachrichten vortragen, von den Sportkollegen abgeschaut. Nehmen wir irgendein Beispiel, etwa die Geflügelpest, von der heißt es: «Zum ersten Mal seit zwanzig Jahren ist diese Krankheit *in* Deutschland ausgebrochen.» Oder wir hören von einer Flugzeugentführung: Die Maschine «steht *auf* dem Athener Flughafen». Warum sollte sich der Wetterbericht weniger sportlich verhalten? Die Temperaturen steigen dort «örtlich sogar *über* dreißig Grad». Ein andermal hören wir, dass ein «Tief *von* den Azoren kommt ...» Also bleibt es morgen windig, «*vor* allem *im* Norden».

Lauter kleine, aufmunternde Rippenstöße, die sich die Sprecher selbst zu verabreichen scheinen, indem sie *auf* die Präpositionen einen Akzent setzen. Längst ist die Sitte auch beim Programm mit der klassischen Musik verbreitet.

Ich sage Ihnen, Persönlichkeiten von höchster Stimmkultur kündigen ein Orchester «*unter* der Stabführung *von* James Levine» an; und «*am* Klavier Igor Pogorelich». Ich hoffe, Sie haben es auch schon bemerkt und pflichten mir bei, so klingt das: «Es geht in der Sendung, die wir *vor* einer Woche *im* Großen Sendesaal aufgenommen haben, *um* den Komponisten Luigi Nono …» Auch die Absage klingt wie gewohnt: «*Von* Luigi Nono brachten wir …»

Nun, vielleicht übertreibe ich, es mag auch andere Arten der Moderation geben. Aber – um bei der Betonung zu bleiben … Sie stimmen mir sicherlich zu, wenn ich behaupte, es gibt zu viele Autoren, die, wenn sie eigene Texte vorlesen, ihre Betonung noch schlimmer ablegen. Nämlich grundsätzlich am Satzende, ob es passt oder nicht. Selbst wenn es Hilfsverben *sind*. Ja, dieses unschuldige «sind» trägt bei denen den Ton, weil der ja irgendwo noch schnell hingesetzt werden *muss*. Da merkt man erst mal, was für unwichtige Wörter im Deutschen meist den Schluss *bilden*.

Doch gehen diese Leute wenigstens bei ihrer Notlandung am Ende noch mit der Stimme runter. Das hingegen hatten Sprechtrainer im Privatfunk ihren Schützlingen in den Neunzigern gründlich abgewöhnt. «Nie mit der Stimme runtergehen!», muss ihre Maxime gewesen sein. So ergibt sich eine gänzlich unmusikalische Kadenz, die keinen Schlusspunkt zulässt, sondern jedesmal nach oben entschwebt. Atonal, sage ich Ihnen! Optimismus aus Kunststoff, falsche Munterkeit, chemisch hergestellt. Wie jemand, der sich nie hinsetzt, der nie wesentlich wird.

Dann schon lieber diese gelehrten Herren, die in Torschlusspanik noch einen Akzent abladen – *wollen*.

Das will ich doch nicht hoffen! «War er denn meist pünktlich?», fragt der Personalchef. «Auffallend selten!» – «Und seine Leistung?» – «Selten auffallend.» Woran man erkennt, wie entscheidend doch die Wortstellung ist, gerade bei Verneinungen.

«Ich glaube nicht, dass es klappt!» Dieser Satz unterscheidet sich allerdings nur gering von diesem: «Ich glaube, dass es nicht klappt!» Im ersten Fall wird ein Zweifel am Gelingen geäußert, im anderen eine Gewissheit des Scheiterns. Etwas Ähnliches kann man auch mit «hoffen» aussprechen: «Ich hoffe nicht, dass es schief geht!» So sagt man, aber mit logischem Scharfsinn darf man das nicht betrachten. Sonst müssten wir uns gleich fragen: Was soll «ich hoffe nicht» bedeuten? (Ich hoffe nicht, dass Sie mir meine Pedanterie übelnehmen.)

«Ich hoffe nicht, dass es regnet!» Ein harmloser, alltäglicher Ausruf. Doch wahrscheinlich ist hier die Verneinung verrutscht. Gemeint sein muss doch: «Ich hoffe, dass es nicht regnet!» Aber dieser verunglückte Hoffnungs-Satz ist so üblich, dass wir ihn einfach gelten lassen müssen. Oder sollten wir ihn kritisieren? «Das will ich», höre ich Sie knurren, «doch nicht hoffen!» Genau! So sagt man. Nur bitte den Satz nicht auf die Goldwaage legen! Oder doch? Abschaffen allerdings wird diese Redewendung niemand mehr. Nein, das wollen wir doch nicht hoffen.

Ich traue mich ... Sie kaum zu fragen ... Was? Nein, «ich traue mich kaum»! Dieses «kaum» entgleitet uns wohl ebenfalls gern. Doch ich hoffe, Sie kaum zu erfreuen, wenn ich mit solch verwirrenden Sätzen fortfahre. Was hoffe ich? Sie kaum zu erfreuen? Ja, ja! An solchen Wendungen haben Beckmesser etwas auszusetzen. Also besser: «Ich darf kaum hoffen, Sie zu erfreuen ...»

«Hemmungen kenne ich da sowieso keine.» Es ist sonderbar, wie weit sich das «keine» von den Hemmungen trennen kann, auch wenn das nicht gerade elegant wirkt. Absolution kann ich da keine erteilen.

«Sehr viele Bücher habe ich noch nicht gelesen.» Wenn das eine Leseratte sagt, kann es nur bedeuten, dass bei ihr zu Hause noch allzu viele Bücher rumliegen, die sie immer noch nicht gelesen hat. Wenn diese Worte jemand sagt, der lieber fernsieht, kann es eigentlich nur heißen: Bislang habe ich noch nicht sehr viele Bücher gelesen. Da der Satz doch ein wenig unbeholfen wirkt, nehmen wir mal an, dass er von einem literarisch nicht allzu erprobten Menschen stammt. «Sehr viele Bücher habe ich noch nicht gelesen.» Dann ist sein Sinn eindeutig. Es waren «noch nicht sehr viele Bücher», die er gelesen hat.

«Große Ängste hat sie kaum gekannt.» Aber Entschuldigung! Warum werden diese großen Ängste zunächst einmal beschworen? Nachher erfahren wir, dass es sie bei ihr gar nicht oder kaum gegeben hat. Gemeint ist vielleicht: Es ist kaum anzunehmen, dass sie große Ängste gekannt hat.

Genug der Beispiele. Womit schließen? Vielleicht mit der Versicherung: Ich hoffe nicht, dass ich Sie allzu sehr verwirrt habe. Sie können Ihren Sprachgebrauch ruhig beibehalten. Sie haben ja auch bislang große Zweifel nicht gekannt. Und Skrupel hatten Sie schon gar keine. Das will ich doch sehr hoffen!

Morgen habe ich Lust … Aus einem alten Kochbuch: «Man schneide drei Tage alte Semmeln …» Klingt nach viel Arbeit, drei Tage lang. (Und war das nicht früher so: drei Tage Küchenarbeit für die Gäste?) Auch diese Schlagzeile auf der Regionalseite einer Tageszeitung ist schon auf den ersten Blick verständlich, danach weniger: «Das Rathaus erstrahlt bis 2007 in neuem Glanz». Also ab dann nicht mehr? Im Gegenteil! Es dauert sogar noch «bis 2007» mit dem Glanz. Aber verstanden haben wir es gleich, was doch sehr für diese Überschrift spricht.

Ja, es ist nicht immer leicht, die Zeitangaben richtig im Satz unterzubringen. «Mein Kollege trifft jede Minute hier ein», das ist auch so ein Fall. Und wir verstehen: Er *kann* jede Minute da sein.

«In einer Woche hoffe ich zu Ihnen zu kommen.» Hofft der Schreiber erst in einer Woche? Nein, wirklich nicht. Doch jeder versteht es richtig: «Ich hoffe, in einer Woche zu Ihnen zu kommen.» So war es gemeint, und es klingt ja so ähnlich. Dieses Durcheinander gibt es in der freien Rede fast immer: «Im Herbst habe ich mir vorgenommen, die Rosen zu schneiden.» Oder: «Morgen habe ich Lust, zu Hause zu bleiben.» Nein, schon *jetzt* habe ich Lust ... Offenbar will unser Gehirn das nicht anders denken. Dann soll es richtig sein.

«Ich freue mich sehr, wenn wir uns morgen sehen.» So ganz kann ich mich allerdings gerade mit diesem Satz nicht anfreunden. Gewiss soll er nicht besagen: «Ich werde mich erst freuen, sobald wir uns morgen sehen», obwohl auch das eine liebenswerte Ankündigung wäre. Wenn wir ein einziges Wort ändern (nämlich aus dem «wenn» ein «dass» machen), bekommt alles gleich Schick: «Ich freue mich sehr, dass wir uns morgen sehen.» Aber so redet man nicht gern, und gleich rutscht die Freude in die Zukunft.

Mit äußerster Zuversicht erklärt der Vereinstrainer den Presseleuten: «Morgen hoffe ich auf einen Sieg!» Und nur sehr grüblerisch veranlagte Journalisten würden das so verstehen: Der Trainer hat heute noch keine Hoffnungen, erst morgen wird er hoffen. Nein: «Morgen muss ein Sieg her!», das ist die Botschaft, und das Hoffen hat schon begonnen. Wer will das missverstehen?

«Erst vierzigjährig, wurde er schon Frührentner.» Daran ist nichts auszusetzen, jedenfalls nicht an der Formulierung. Aber diese Worte können uns als Beispiel dienen und uns einstimmen auf ein «erst», das noch einen anderen Sinn bekommen kann. «Erst mit 42 wurde sie Mutter.» Ist ja ebenfalls klar, nur dass im ersten Beispiel gemeint ist: «Er war doch erst vierzig!» (noch so jung), während die Mutter eigentlich «schon 42» war. Wieso dann dieses «erst»? Es gehört zur Mutterschaft: «Sie wurde erst Mutter, als sie ...» Sie wurde also «erst spät» Mutter. Und war «schon 42», aber wir sagen gern: «Erst mit 42 wurde sie ...» Die deutsche Sprache ist eben vielseitig, und wir können angesichts der Freiheiten froh und im Übrigen sicher sein, meist ganz gut zu verstehen und verstanden zu werden.

Kurz bevor diese Frau dann endlich mit 42 Mutter wurde, traf ihr Mann wahrscheinlich jede Minute ein.

Am Chef wächst die Kritik «Bei unserer Victoria spürt der Hund, dass er ins Zimmer darf.» Was haben Nörgler wie ich denn schon wieder an solch einem Satz auszusetzen? Ist er nicht schönstes Alltagsdeutsch? Gewiss. Hören wir noch einer resoluten Obstverkäuferin zu: «Bei uns wissen die Kunden, dass sie immer frische Ware bekommen.» So wird es sein. Und wenn die Frau auf die Konkurrenz zu sprechen kommt, die ihr Geschäft hat aufgeben müssen, meint sie: «Bei denen ahnt man ja, warum es nicht geklappt hat.»

Die Präpositionen wandern. Jener Satzanfang der Obsthändlerin «Bei uns ...» gehört ja nicht zum Wissen der Kunden, sondern zur frischen Ware. Deshalb wäre die richtige Satzstellung: «Die Kunden wissen, dass sie bei uns immer frische Ware bekommen.» Doch ist der Auftakt mit einer Präposition, die vorgezogen wird, beliebt. «Mit Leiharbeitern ist ja bekannt, was man alles machen kann.» Das ist ein Thema, wozu ich jedoch jetzt eigentlich nicht vor hatte, mich zu äußern. Denn es ist doch erstaunlich genug, wie unser Gehirn sonst – eben in den meisten Fällen – die richtige Wortstellung im Satz hinbekommt. Jedenfalls hat das ein Wissenschaftler mir schon mal gegenüber verdeutlicht.

«An Vorstandschef Müller wächst die Kritik der Anteilseigner», lautete eine Überschrift. Und ich meinte es genau vor mir zu sehen, wie am Chef die Kritik hochwächst, fast wie der Efeu an der Eiche, nur eben schneller. Gemeint war natürlich die «Kritik am Vorstandschef», aber der Journalist, der die Schlagzeile schrieb, wollte mit der Person Müller beginnen. Jeder gute Satz beginnt für Journalisten mit dem wichtigsten Begriff. «Müller unter wachsender Kritik» hätte er auch schreiben können. Aber nun scheint «am» Vorstandschef etwas zu wachsen.

Vielleicht war es selbiger Müller, der in seiner Not einen neuen Kollegen benannte. Und in der Zeitung stand dann: «... mit dem er eine gute Zusammenarbeit ankündigte». Allerdings war der Kollege durchaus nicht anwesend, «mit

ihm» kündigte Müller nichts an. Aber er kündigte «eine
gute Zusammenarbeit mit ihm» an.

Mir geht es hier um Korrektheit. Aber ich sehe schon, liebe Leser, das ist eine Logik, an die Sie längst den Glauben verloren haben. Und von der Sie überzeugt sind, dass man sie vergessen sollte. Gut. Es waren halt Beispiele, mit denen ich gehofft hatte, Sie zu überzeugen.

Ich versuche es mit einer letzten Probe. Im Radio sagen sie gern: «Von Mozart brachten wir die Sonate in C-Dur …» Geht das? Brachten die «von Mozart» eine Sonate – oder eine Sonate von Mozart? Ich merke, das überzeugt Sie auch nicht. Nein, deshalb also ein allerletztes Versuchsobjekt. In einem Roman stand: «Im Hotel war sie nicht, dort hatte er den ganzen Abend versucht, sie anzurufen.» Nun möchte ich wirklich mal wissen, ob Ihnen da schon wieder gar nichts auffällt. Hat er «dort», also im Hotel, versucht, sie anzurufen? Die Versuche fanden doch bei ihm zu Hause statt! Von dort hat er versucht, sie im Hotel zu «erreichen». Nein? Ich gebe es auf, Sie wollen mich nicht verstehen. Meinetwegen. Ich ziehe natürlich meine Schlüsse.

Denn von Ihnen ist ja klar, was ich jetzt denke.

IX · Großer Bahnhof

Ankurbeln als Dauerbrenner «Der frühere Minister wird an die Schalthebel der Macht zurückkehren.» Ist doch schön gesagt! Man sieht ihn deutlich vor sich, wie er die armlangen Schalthebel umlegt und damit viel Macht ausübt. Eine Kraftleistung, imponierend. Dieses sprachliche Bild ist uralt, es muss aus den Anfängen der industriellen Mechanik stammen. Aber wir verwenden es immer noch, obwohl wir auch sagen könnten: «Der Minister wird an seinen Schreibtisch zurückkehren.» Aber was *ist* das schon? Schreibtisch, ein Bild ohne Pathos. Statt von Schalthebeln könnten wir von Fäden oder vom Knopfdruck, gar vom Mausklick reden. Aber auch diese Bilder bleiben blass. Wir wollen den Minister an den Schalthebeln arbeiten sehen.

Nur die alten Zeiten liefern uns Bilder, die eindrucksvoll und anschaulich sind. So sagen wir gern, die Wirtschaft müsse man ankurbeln. Da sehen wir vielleicht die alten Kraftfahrer oder ihre Chauffeure vor uns, die mit der Kurbel, vor ihr Automobil gebeugt, den Motor anwerfen. Diese Arbeit macht längst der Anlasser, aber der erlaubt es uns nicht, ein Bild zu schaffen für das, was ein Konzernchef macht. Der kurbelt immer noch an. Der Ausdruck ist ein Dauerbrenner. Und was ist das nun wieder? Auch so ein unsterbliches Bild aus der guten alten Zeit. Der Dauerbrenner war ein primitiver Ofen, der die Nacht über durchbrennen konnte. Und er brennt offenbar noch immer.

Wir müssen solche Bilder bewahren, weil die moderne Technik keine Anschauung mehr bietet. Sie ist abstrakt und unverständlich geworden. Daher bilden sich sogar neue, altmodische Redewendungen. So sagt eine Sekretärin am Telefon: «Ich werde Ihnen das mal rüberpusten» oder auch «rüberschaufeln», wenn Datenmengen per Leitung verschickt werden sollen. Der Vorgang selbst ist zu unscheinbar geworden. Aus dem gleichen Grund pflegen einige Mitmenschen sogar ihren Grill «anzuwerfen», obwohl das nun wirklich übertrieben ist.

Kein ICE kann uns bieten, was die alte Bahn bot. Daher sprechen wir immer noch von Dampf machen oder Dampf ablassen, vom Bremserhäuschen oder der Drehscheibe. Und empfangen Staatsgäste mit dem großen Bahnhof.

Ebenso unentbehrlich sind uns, diesmal aus den Anfängen der Fotografie, die Momentaufnahme und der Schnappschuss. Nur als Sprachbilder haben sie überlebt. Ebenso bleiben die Filmstars Leinwandhelden, auch wenn es keine Leinwand mehr ist, auf der sie zu sehen sind. Na ja, man dreht ja auch noch Filme, als sei eine Kurbel an der Kamera. Da wollen die Leute im Radio nicht moderner sein und sagen immer noch, Aufnahmen würden mitgeschnitten, obwohl das ein Ausdruck aus der Zeit ist, als noch eine Tonrille in Wachs geschnitten wurde.

Wenn ich zufällig in einem Funkhaus-Studio säße, riefe ich zu Beginn, bevor ich spreche: «Bitte schneiden! Bitte schneiden!»

Vom Glauben zum Denken und Sagen Eine junge Frau klingelt bei ihrem Wohnungsnachbarn. Sie ist verweint und ziemlich aufgeregt. Bald sitzt sie bei ihm auf dem Sofa und erzählt, ihr Freund, mit dem sie zusammenlebte, sei über Nacht ausgezogen. Auch der Nachbar, der gut zugehört hat, ist erst mal ganz fassungslos. Und dann versucht er eine eigene Hoffnung zu formulieren.

Vor vierzig Jahren hätte er sich dabei ordentlich ins Zeug gelegt. «Ich *glaube*, er wird wiederkommen.» Ja, so hätte er gesprochen. Etwas pathetisch. Ein Glaubensbekenntnis. Er hätte im gleichen Ton auch ausrufen können: «Ich bin der festen Überzeugung!» Oder auch: «Ich weiß, er wird zurückkommen.»

Gleiche Szene, aber zwanzig Jahre später. Wie mag nun der Nachbar reden? Mit dem Pathos war es damals schon ziemlich vorbei. Man sagte jetzt: «Ich meine, der kommt wieder.» Oder: «Ich finde … Mir scheint …» Mit anderen Worten, eine Glaubensüberzeugung brachte man nicht mehr vor.

Am beliebtesten aber – und damals noch ziemlich neu – war es, seine Ansichten mit «Ich denke …» vorzutragen. So sprach nun der freundliche Nachbar: «Ich denke, der kommt wieder!» Diese Wendung ist erkennbar eine Eindeutschung des englischen «I think …». Bis dieser Auftakt «Ich denke …» bei uns heimisch wurde, konnte man nur «*an* etwas» denken, auch *nach*denken. Wenn jemand hingegen ganz früher mal gesagt haben sollte: «Ich denke!», so klang das, als wollte er ausrufen: «Ich denke gerade nach, stör mich nicht!» Die neue Floskel «Ich denke …» besaß zugleich den Vorteil, rationaler zu klingen als ihre Vorgängerinnen. Schon in der Schule hatte man ja gelernt, dass Denken besser ist als Glauben – falls man vor dem Lehrer stand und seine Antwort mit «Ich glaube …» begonnen hatte.

Nun stellen wir uns die gleiche Szene in der Gegenwart vor. Der Nachbar hat der jungen Frau zugehört und meint gütig: «Ich *sag* mal, der kommt zurück!» Ja, genau, jetzt ist nur noch das echt lockere Sagen angesagt. «Ich sag mal …» Man glaubt nicht mehr, man denkt nicht mehr, man sagt – und zwar «*mal*». Nüchtern wird das festgestellt: «Ich *sag mal*, der kommt wieder.» Klingt ein bisschen wie «Wetten, dass …? Ich setz mal auf Wiederkommen.»

Es geht sogar noch eine Spur lockerer. Dann beginnt der Nachbar mit: «Ich sag mal so …» Er ist damit im ganz Unverbindlichen angekommen. Falls seine leicht hingesprochene Erwartung nicht eintreffen sollte, könnte er nach Wochen vorbringen: «Das hab ich damals doch nur *so* gesagt!»

Und wie beende ich nun diesen Rückblick? Ich sag mal so … Nein: ich glaube, ich meine, ich denke: voll cool, diese Entwicklung. Leider.

Noch einmal fiel es mir ein, wie es damals war auf so genannten Tagungen, als die großen Debatten noch nicht im Fernsehen stattfanden, sondern in sogenannten Akademien, meist evangelischen. Ja, im Traum habe ich es wieder erlebt. Da am Pult steht der Vortragende, und ihn treibt eine Frage um, sagt er. Man müsse die Menschen mit ihren Ängsten ernst nehmen. Dazu will er den Finger in die Wunde legen. Genauso sprach man damals.

Es folgt die Diskussion. Ein Professor erhebt sich und tut so bescheiden, wie man sich damals gab. «Ein interessanter Ansatz», lobt er zunächst. Aber er hat ein Anliegen, das er gern aufzeigen möchte, und muss deshalb ein paar Ansichten für den Moment hinterfragen. «Oder können Sie das empirisch untermauern?», will er wissen und endet sanft: «Würden Sie mir zustimmen können, wenn ich jetzt vermute, es wäre vielleicht auch eine andere Lösung denkbar?»

Nun soll sich der Vortragende rechtfertigen. Er ist erkennbar beleidigt. «Worauf heben Sie ab?», ruft er und wehrt sich: «Das sollten Sie nicht überinterpretieren. Man muss das alles im Kontext sehen.» Alsdann will er «eine weitere These mal ganz ungeschützt in den Raum stellen». Da steht sie nun. «Ich verkürze das jetzt bewusst», sagt er endlich, «bitte legen Sie mich nicht auf Einzelheiten fest. Man sollte daraus auch nicht vorschnell weitreichende Schlüsse ziehen.»

Die Diskussion wogt noch lange, dann fordert der Tagungsleiter eine Lösung ein: «Ich möchte das Problem hier noch einmal ganz gezielt ansprechen. Damit will ich es nicht herbeireden, es lässt sich aber auch nicht wegdiskutieren. Ich meine, es steht einfach im Raum. Bislang haben wir Lösungen, will mir scheinen, nur angedacht. Und ich lade Sie ein, mit mir darüber weiter nachzudenken und erneut in einen Dialog einzutreten. Es wäre schön, wenn Sie sich einbringen würden.»

Wieder redet man brav miteinander. Bis der Tagungsleiter das Ergebnis zusammenfasst und fragt: «Könnten Sie das ein Stück weit mittragen? Ich denke, das wäre ein Ansatz. Denn wir müssen auch an dieser Stelle, glaube ich, umdenken und sind aufgefordert zum Miteinander. Es brächte uns – in kritischer Solidarität mit allen Betroffenen – doch auch ein Stück Versöhnung.»

Bevor man auseinander geht, spendet der Gastgeber noch eine Art Abendsegen: «Wir werden das jetzt hier nicht ausdiskutieren können. Aber diese bleibende Anfrage wurde heute wohl für uns alle zu einer reich machenden Erfahrung. Sie wird uns Verpflichtung sein. Und eine Fortsetzung ist bereits vorgeplant. Könnten wir das jetzt einmal so stehen lassen?»

Ja doch, liebe Leser, wir sollten es für immer so stehenund liegenlassen.

Ganze dreißig Leute, volle drei Stunden   Zahlenangaben wirken so nüchtern. Und wer weiß schon Bescheid? «Die Yacht ist 27 Meter lang», da soll man nun ahnen, ob das viel oder wenig ist. Daher brauchen wir einen Hinweis. Auch Autotester wissen das und geben uns einen Wink. Aus dem winzigen Auto, genannt Smart, hat man eine Sportversion entwickelt, und wir lesen, sie sei «satte 97 cm länger». So sind wir gleich im Bilde: Das ist viel. Von einem Verdeck, das sich automatisch öffnet, hieß es, das dauere «zehn knappe Sekunden». Klingt recht flott, und man ahnt: Das ist wenig. Ein weiblicher Filmstar kaufte sich eine Villa für acht Millionen Dollar, ihre bisherige Behausung habe, schrieb die «Süddeutsche Zeitung», «nur schlappe fünf Millionen» gekostet.

Diese bunten Wörter, die mir gefallen, waren früher nicht üblich, weil sie nicht nötig schienen. Da war alles geregelt durch die Hinweiswörter «voll» und «ganz». Zugegeben, beide wirken wie Zwillinge, hatten aber entgegengesetzte Bedeutung. «Er musste volle vier Wochen warten.»

Das war lang. «Die Uhr ist ganze vier Millimeter stark», hieß hingegen eindeutig, sie ist flach. «Es waren ganze drei Mark auf dem Konto», war ebenso klar wie: «Der Brocken wog volle zwei Tonnen.»

Von einer Veranstaltung konnte man berichten: «Es waren ganze dreißig Leute erschienen, aber sie hat volle drei Stunden gedauert.» Ja, so war das damals geregelt. Doch schien es mir immer schon sonderbar, dass «voll» und «ganz» so unterschiedliche Signalfunktion haben sollten. Und es kam tatsächlich zu Verwirrungen.

So konnte man in der Werbung lesen: «Es stehen ganze 26 Farben zur Auswahl.» Oder auch: «Der Wagen ist für ganze sieben Personen zugelassen.» Als wäre das wenig. Und wenn eine Patientin in der Klinik strahlend sagt: «Ganze acht Mal hat er mich besucht», muss man es ihrem Gesicht entnehmen, was sie meint. Will man heute eindeutig sein, greift man daher zu solch bunten Vögeln wie «satte», «knappe» und «schlappe». Oder man spricht von «gerade mal 88 Euro» im Gegensatz zu «stolze 88 Euro». Das ist die neue Eindeutigkeit.

Sie war wohl auch nötig, denn das alte Wörtchen «ganz» hatte immer schon zwei Schattierungen, je nach der Betonung im Satz. «Es war *ganz* toll!», klingt euphorisch, hingegen wirkt das unbetonte Wort eher matt in Wendungen wie: «Es war ganz *nett*.» Ja, ja, «ganz» war immer schon ein Chamäleon. Und wie steht es mit seinem alten Gegenstück «voll»? Auch da sollte man voll auf den Tonfall achten. Wie schon der Unterschied zeigt von «*voll*schlank» und «voll *schlank*».

Das heißt nicht «schön»! Mich nahm ein sehr höflicher Herr beiseite und flüsterte, ich hätte kurz zuvor in aller Öffentlichkeit jemandem einen «schönen Abend» gewünscht. Er machte eine Pause, um die Wirkung dieser schlimmen Nachricht von meinem Gesicht abzulesen. Und weil sich da wohl keine Betroffenheit zeigte, setzte er hinzu: «Das ist doch falsch, ein Abend kann nicht schön sein, höchstens gut, behaglich, erhebend oder erholsam.»

Ich nickte, denn den Fall kannte ich. Und konzessionsbereit, wie ich bin, sagte ich: «Ja, schön!» Aber das war natürlich auch wieder falsch, jedenfalls in seinen Augen. Es ist gar nicht so einfach, die Lage zu entwirren.

«Das schmeckt nicht schön, sondern gut», habe sie immer als Kind bei Tisch eingeschärft bekommen, versicherte mir mal eine Frau. Und ein andermal gestand mir ein freundlicher Mann im Gespräch, er zucke jedesmal zusammen, wenn abends seinen Enkeln nach dem Zubettbringen ein «Schlaft schön!» zugerufen werde. Ob ich das nicht auch schlimm fände.

Es gibt viele Menschen unter uns, die einen Stich empfinden, wenn sie etwas hören, was sie für falsch halten. Also schön, reden wir über das Wörtchen schön. Am Anfang war es wohl so, dass ein paar übereifrige Lehrer und Sprachverbesserer, etwa um 1880, auf die Idee kamen, jedes Wort der edlen deutschen Sprache solle nur eine Bedeutung haben. Und darum wollten sie gern auch festlegen, dass «schön» allein ein Anblick sein könne; kein Geruch, kein Geschmack, kein Gefühl. Ich weiß nicht, woher diese Herren den Mut zu solch einer Behauptung nahmen. Erfolg haben sie nicht immer gehabt. Wer will sich schon den Mund verbieten lassen.

Ein Konzert ist schön, das Wetter ist schön, die Stimmung ist schön … Meinetwegen schmeckt auch das Essen so. Alles üblich und daher erlaubt. Vorbei sind zum Glück auch die Zeiten, da der Ausdruck «die größere Hälfte» als falsch galt. Er ist ja völlig in Ordnung, weil es nicht um Mathematik geht. So darf man längst auch den Mitmenschen «Gute Besserung!» wünschen. Es kann sich doch nur um einen schlechten Scherz gehandelt haben, als jemand auf die Idee kam, uns diesen netten Wunsch als unlogisch auszureden, weil eine Besserung nicht gut sein könne.

Auch die «dreiköpfige Familie» ist in Ordnung und der

«große Mensch», den man so nennen darf, auch wenn er nur ein langer ist. Es gilt noch immer das weise Wort eines Sprachfreundes aus der Goethezeit: «Was in einer Sprache üblich ist, kann nicht falsch sein.» Die Mehrheit entscheidet. Sollen wir uns etwa das Übliche verbieten lassen? Das wäre ja noch schöner.

Scheinbar oder anscheinend, egal Gute Nachricht für alle normalen Sprachbenutzer: Es ist nicht notwendig, die Worte «scheinbar» und «anscheinend» immer auseinander zu halten! – Zugegeben, das ist bloß von mir selbst so beschlossen worden, aber ich finde dennoch, es ist eine gute Nachricht. Und nun schnell meine vier Argumente, ehe uns die beamteten Sprachverbesserer dazwischenreden können.

Meine erste Begründung: Das Gebot, beide Wörter zu trennen, ist nicht wirklich durchzusetzen. Das geben sogar die Amtlichen selbst zu. Eben. Und was man nicht durchsetzen kann, sollte man nicht vorschreiben.

Mein zweites Argument: Die Unterscheidung von «scheinbar» und «anscheinend» ist von Gelehrten im Barock fein ausgetüftelt und alsbald selbstherrlich allen Menschen vorgeschrieben worden, zuletzt massiv im Kaiserreich durch die Lehrerschaft. Bei unseren Klassikern von Lessing bis Fontane findet sich die Schulmeisterei nicht. Da gingen die Bedeutungen noch ineinander über.

Mein drittes und wichtigstes Argument lautet: Die Regel verstößt gegen das Sprachempfinden. Der beste Beweis ist schon, dass sich die Unterscheidung nicht hat durchsetzen lassen. Aber es gibt auch sprachhistorische Gründe. Um es einfach zu machen, betrachte ich nur das Wort «der Schein», das ja beiden Worten zugrunde liegt. Der Schein hatte schon zu Luthers Zeiten die zwei Bedeutungen wahr und falsch. Ja, so ist es gewesen, ich habe mich da nicht vertan! Wahr und falsch! So wie beim wahren «Augenschein» im Gegensatz zur Redewendung «nur zum Schein». Noch heute kann man damit Wortspiele machen und redet zum Beispiel von der «bescheinigten Scheinehe». Oder sagt: Wenn ein Student viele Scheine macht, ist es noch lange kein Scheinstudium, im Gegenteil.

Mit anderen Worten: Auch die Ableitungen «scheinbar» und «anscheinend» werden den Doppelsinn von «Schein» nicht los. Keine Vorschrift kann das ändern. Es gibt allerdings ein paar geprägte Wendungen, die ich gern respektiere. So sagt man: «Die Sonne dreht sich nur scheinbar um die Erde.» Hier könnte man das andere Wort nicht einsetzen. Tatsächlich, «nur scheinbar» ist eine feste Wendung geworden, die im Sprachempfinden wurzelt. Aber sie drückt nur einen Irrtum aus, keine listige Täuschung («er ist scheinbar krank»). Eine solche Täuschung kann man nicht, wie die selbsternannten Sprachpfleger uns einreden wollen, mit «scheinbar» wiedergeben.

Nur nebenbei erwähne ich, dass es Zeiten gab, als «scheinbar» genau das Gegenteil des später Festgelegten bedeutete, nämlich «offenkundig, strahlend». Dieser Sinn hat sich bis heute in der Verneinung dieses Wortes bewahrt, im Wort «unscheinbar».

Mein viertes und letztes Argument ist: Es gibt treffendere Worte als «scheinbar» und «anscheinend», wenn wir unseren Zweifel oder unsere Überzeugung ausdrücken wollen. Man kann sagen «Er ist angeblich verreist.» Oder im anderen Fall: «Er ist offenkundig verreist.» Es gibt noch weit mehr Wege, unser Misstrauen auszudrücken, und alle sind eindeutiger, weil leichter zu verstehen als das Wörtchen «scheinbar», das wir verwenden sollen. Man kann sagen: «Er behauptet …», «man hört …», «es wird vermutet, er sei verreist.» Oder: «Er soll verreist sein.»

Also, liebe Leute, wir könnten diese Schulmeistereien, auf denen nur noch ein paar Fachleute herumreiten, wirklich vergessen. Machen wir's! Ade, ihr Vorschriftenerfinder, lebt wohl!

... und/oder Am liebsten würde ich mit Ihnen eine Wette abschließen: Ob es Ihnen gelingen könnte, einen Satz zu konstruieren, in dem das Bürokratenwörtchen «beziehungsweise» wirklich unentbehrlich ist. Ich kann es nämlich nicht gut leiden und glaube, dass wir es auch nicht brauchen. Nehmen wir ein Beispiel: «Die Partner trennten sich ohne Ergebnis und fuhren nach Köln bzw. Berlin zurück.» Auch wenn wir «nach Köln *und* Berlin» sagten, könnte das niemand so verstehen, als würden beide Partner sowohl nach Köln als auch nach Berlin fahren.

Das gute, vielseitige Wort «und» kann da seine Dienste tun, manchmal auch das Wort «oder». Aus einem Prospekt: «Je nachdem, ob Sie See- oder Luftfracht wählen, dauert es drei Wochen bzw. drei Tage.» Hier kann man das «bzw.» ersetzen durch «oder». Die Eindeutigkeit litte nicht. Doch «bzw.» ist beliebt, weil es eine Genauigkeit vortäuscht, die es dem Sprechenden erlaubt, sich ungenau auszudrücken. Soll doch der Hörende oder Lesende die Beziehungen richtig zuordnen, die man selbst verheddert hat. Und wie hat man das geschafft? Erst sagt man, um auf das genannte Beispiel zurückzukommen, «die Partner», dann muss man doch differenzieren: Köln oder Berlin. Da wäre es doch besser, gleich zu unterscheiden: «Der eine Partner fuhr nach Köln, der andere nach Berlin zurück.»

Noch ein Beispiel: «Die Kursteilnehmer kamen vorgestern bzw. gestern hier an.» Das ist derselbe Schönheitsfehler, man fängt mit dem Kollektiv «Kursteilnehmer» an und ist prompt genötigt zu unterscheiden. Darum wäre es eleganter, gleich zu sagen: «Einige Teilnehmer kamen vorgestern an, die anderen gestern.»

Um uns nun vollends zu verwirren, haben sich ja viele Zeitgenossen angewöhnt, auch dann «beziehungsweise!» zu rufen, wenn sie nur einen Irrtum verbessern wollen. Die sagen dann: «Ich war im März ... beziehungsweise im Februar in der Schweiz.» Wo doch ein «*richtiger gesagt*: im Februar!» durchaus nahe läge.

Eins aber muss ich noch erwähnen, die neuerdings beliebte Kombination «und/oder» (meist so zusammengeschrieben), eine Erfindung, die einige Leute für den Gipfel der Genauigkeit halten – gleichsam zum Ankreuzen wie bei Prüfungsfragen. Auf einer Ferienpostkarte stand: «Selbst an regnerischen und/oder bedeckten Tagen ist es herrlich am Strand.» Hier könnte man sowohl *oder* wie auch *und* sagen, muss jedoch nicht beides kombinieren. Warum genau *das* einige Menschen doch tun, glaube ich zu verstehen. Sie sagen sich in diesem Fall: Regnerisch oder bedeckt, das ist ja keine absolute Alternative (wofür «oder» ihrer Meinung nach stünde), es kann ja auch *zugleich* regnerisch und bedeckt sein. Dafür steht eben das «und» da.

Aber, Leute! Das ist eine Haarspalterei *bzw.* Scheingenauigkeit, auf die wir ruhig pfeifen *und/oder* verzichten könnten.

Wer brauchen ohne ‹zu› gebraucht …

«Er braucht nicht kommen.» Ein solcher Satz erregt immer noch die Gemüter, denn er ist das rote Tuch mancher älteren Kenner, die ihr Deutsch lieben, zugleich jedoch ist er für Sprachwissenschaftler ein Fall zum Jubeln. Wie das?

Seit Jahrzehnten gilt es als ausgemacht, die Sprache verfalle, wenn das «brauchen» sein «zu» verliere. Kaum ein Schüler konnte daher dem Spruch entgehen: «Wer brauchen ohne ‹zu› gebraucht, braucht brauchen gar nicht zu gebrauchen.» Das leuchtete auch ein, denn – um parallele Beispiele zu nennen – es heißt ja auch: Er beginnt *zu* bummeln, sie vergisst nicht *zu* gehen … Daher, hat man gelehrt, heiße es auch: «Er braucht nicht *zu* kommen.»

Der angebliche Fehler wird heute seltener gemacht, vielleicht weil der polemische Merksatz seine Wirkung tut. Zugleich aber wissen heute fast alle Lehrerinnen und Lehrer, dass man diese Form von scheinbarem Sprachverfall nicht tadeln bräuchte (ja, bräuchte). Denn es hat damit eine aufgedeckt worden ist.

Die These lautet: «Brauchen» wird zum Modalverb, und das ist ein höchst intelligenter Vorgang! Modalverben (Hilfszeitwörter) sind: müssen und sollen, können und dürfen, mögen und wollen. Es gibt nur diese sechs, doch hat sich «brauchen» still dazugesellt. Inhaltlich passt es gut zu den anderen, denn sie alle drücken nicht eine Tätigkeit aus, sondern modifizieren die Umstände.

Damit scheint ein Wunder passiert zu sein: Unser allgemeiner Sprachgebrauch hat mit intelligenter Sicherheit das «brauchen» zu den Modalverben gestellt. Und behandelt es auch so. Diese Verben verlangen nämlich kein «zu». Man sagt «Er muss / soll / kann nicht kommen.» Und nun auch: «Er braucht nicht kommen.» Allerdings gibt's dies neue Modalverb nur verneint: «braucht nicht …

Da kein Mensch weiß, wer eigentlich die Sprachveränderungen lenkt, und noch niemand «den Sprachgebrauch» gesehen hat, ist es umso erstaunlicher, dass es ihn doch gibt und er auch noch höchst systemgerecht handelt. Wie gut dieser unbekannte «Sprachgebrauch» Bescheid weiß, erkennt man zudem daran, dass er «brauchen» noch stärker den Modalverben anpasst.

Die haben nämlich in der 3. Person keine Endung auf «t»: Meine Schwester muss, kann, darf … Während die Vollverben lauten: Sie kommt, geht, sitzt … So wird es verständlich, warum manchmal gesagt wird: «Er brauch nicht kommen.» Im Englischen läuft es übrigens ähnlich: «He need not come.» Wer noch einen Schritt weiter geht, sagt: «Er bräuchte nicht kommen», mit Umlaut, weil es auch «müsste» oder «könnte» heißt.

Kann man dem Sprachgebrauch noch weitere Glanztaten der Systematik nachsagen? Leider nicht. So etwas Kluges wie die Verwandlung von «brauchen» hat die Wissenschaft noch kein zweites Mal entdeckt.

«Ich würde dich gern heiraten», flehte Sven. Doch sei-
ne angebetete Kunigunde blickte streng. «Sag es ohne würde!», sprach sie. Und Sven, Student der Germanistik,
verstand, dass er die Umschreibung des Konjunktivs mit
‹würde› bei seiner Liebsten zu vermeiden hatte. «Sag es
würde-los!», verlangte sie erneut. Und er entsann sich der
alten, knorrigen Formen mit einem ‹ie› darin, um seinen
Heiratsantrag vorzubringen:

«Hießest du mich willkommen, ich fiele in Entzücken,
schriebe dir Gedichte und schwiege zu allem. Jeden Tag brie-
te ich dir ein Steak, bliese mir auch der Wind ins Gesicht.»
An sich doch ein schönes Eheversprechen, zumal für Liebhaber alter Formen. Müsste jeder von Svens Konjunktiven
mit «würde» gebildet werden, es gäbe eine ziemliche Häufung (es «würde» eine arge Häufung von «würde» geben).

So klangvoll Sven gesprochen hatte, Kunigunde lächelte
noch nicht. «Lass auch die prächtigen Formen mit einem
‹ä› darin hören», bat sie. Sven grübelte, dann hub er an: «O,
bändest du dich an mich, ich wände dir Kränze! Drängest
du in mich und zwängest mich, so sänne ich nicht auf Ra-
che, sondern sänke dir zu Füßen, schlänge meine Arme um
sie und bärge mich bei ihnen.» Geschafft! Bravo, Sven!
Doch manche dieser Formen kommen uns völlig falsch
vor, so veraltet sind sie. Aber sie haben Klang. Daher stellen
wir uns vor, die hohe Frau Kunigunde habe gleich noch
einen weiteren Wunsch gehabt:

«Nun möchte ich es mit einem ‹ö› hören!» So sprach
Sven alsbald: «Bötest du mir die Hand, und gewönne ich
dich, in mir glömme wieder Hoffnung. Ohne dass es mich
verdrösse, spönne und wöbe ich dir Leinen. Ich flöchte deine Zöpfe und böge sie zur Krone. Beföhlest du etwas, nie
erschölle mein Wehklagen. Ich schwömme im Glück, ja
quölle über, tröffe vor Seligkeit, bis mir die Tränen rön-
nen.» Erstaunlich, und man muss nicht Kunigunde heißen,
um am Spiel mit diesen uralten Formen, die wir heute wie
Tiere im Zoo bestaunen, einige Freude zu haben.

Sven wusste, dass ein einziger Umlaut noch ausstand, daher gab er nun sein Letztes: «Lüdest du mich ein in dein Leben, so erschüfen wir uns einen Garten Eden, ich grübe dort und hülfe, dass alles wüchse und nicht verdürbe. Wüschest du mir auch den Kopf oder würfest mich gar hinaus, ich würbe weiter um dich. Denn ich schwüre dir Treue, selbst wenn ich stürbe.»

Und ich ... ja, ich, liebe Leserin, lieber Leser, schwöre Ihnen jetzt, dass es diese Formen wirklich einmal gegeben hat. Auch wenn sie heute allenfalls zu heiteren Privataufführungen taugen – würden.

X · Das abgereicherte Uran

Auf Nummer sicher Wirkung zeigen «Gehen Sie doch auf Nummer sicher!», hatte ich ihm gerade geraten, doch der gemütliche Herr mir gegenüber musste kichern. «Wissen Sie, was Sie mir da gerade empfohlen haben? Ich solle ins Kittchen gehen.» Weil ich so ungläubig kuckte, fügte er hinzu: «Bis vor wenigen Jahrzehnten war jemand ‹auf Nummer sicher›, wenn er hinter schwedischen Gardinen saß, also im Gefängnis sicher verwahrt war. Daher muss ich immer schmunzeln, wenn mich jemand auffordert, auf Nummer sicher zu gehen.» Dahin hatte ich ihn wirklich nicht gewünscht! «Sie wollen», sagte ich, «sichergehen, aber nicht auf Nummer sicher!» Er nickte.

«Die allgemeine Unbildung zeigt Wirkung», entschuldigte ich mich. «Wissen Sie», entgegnete er gelassen, «zu unserer Zeit war das mit der Wirkung noch anders. Da zeigte ein Boxer Wirkung, wenn die Schläge des anderen bei ihm gewirkt hatten. Heute dreht man das rum. Und sagt: ‹Eine Maßnahme zeigt Wirkung›, was aber eigentlich hieße, die Maßnahme werde demoliert.» Nun wollte ich wissen, wie es denn richtig sei. «Das Gesetz *zeitigt* Wirkung, müsste man wohl sagen, oder einfach: Es wirkt.»

«Ein Treppenwitz!», rief ich aus, was mein Gegenüber gleichfalls amüsierte. «Ein Treppenwitz, das ist eigentlich kein schlechter Witz», sagte er, «sondern das war ursprünglich der Witz, der einem einfiel nach einer Unterredung, auf dem Weg die Treppe hinunter, also zu spät. Man hätte ihn gern früher gemacht. Aber ich gebe zu, der Treppenwitz ist schon so um 1890 – übrigens durch einen Buchtitel – heruntergekommen zum verrückten Witz, sozusagen zum Hintertreppenwitz, und das wird wohl auch so bleiben.»

«Vor Ihnen», sagte ich, «turnt man ja wirklich ohne Netz und doppelten Boden!» – Er stimmte mir zu, hatte aber wieder etwas einzuwenden. «Ganz verstanden habe ich diese beliebte Redensart nie», meinte er, «denn *ohne Netz*, das ist ja ein Bild aus der Welt der Akrobaten. Der *doppelte Boden* aber ist ein Bild aus der Welt der Schmuggler, die ihren Koffer präpariert hatten. Das passt nicht so ganz zusammen. Für Akrobaten gibt es höchstens ein Netz, doch leider keinen doppelten Boden.»

Seine gute Laune verlor er nicht bei alledem. So meinte ich: «Was mich tröstet, ist Ihr spitzbübisches Lächeln.» – «Ich bitte Sie», wandte er leise ein, «erklären Sie mich nicht zum Spitzbuben. Warum alle Welt von einem spitzbübischen Lächeln redet, weiß ich nicht. Es würde mir doch weit mehr schmeicheln, wenn Sie von einem lausbübischen sprächen.» Er lächelte wirklich wie ein Lausbub. «O Gott», murmelte ich kleinlaut, «jetzt zeige ich doch Wirkung, und ich fürchte, ich gehe freiwillig auf Nummer sicher.»

Quantensprung im Schleudersitz   «Herr Hirsch, nun sagen Sie mal», wandte sich ein Ingenieur an mich, «unser Chef fordert immer, wir sollten aufs Tempo drücken. Den Ausdruck kann ich als Techniker nicht billigen.» – «Man weiß immerhin», entgegnete ich, «es geht um noch mehr Tempo. Doch mich erinnert dieses Drücken auch immer an Dämpfen und Drosseln.»

Mein Fachmann fühlte sich verstanden und dozierte: «Wenn es Druck auf die Preise gibt, sinken sie, wenn etwas auf meinen Geist drückt, welke ich dahin. Dennoch spricht alle Welt davon, man müsse *aufs Tempo drücken*, ausgerechnet wenn es steigen soll. Das kann doch sprachlich nicht in Ordnung sein!» Und ich ergänzte: «Ursprünglich waren das wohl mal Wendungen wie ‹auf die Tube drücken› oder ‹aufs Gaspedal drücken›. Aber nun, da haben Sie Recht, tut sich ein Paradox auf. Je mehr ich aufs Tempo *drücke*, desto mehr *steigt* es.»

«Schleudersitz, das verstehe ich auch nicht», sagte der Ingenieur. «Unser Chef sagt von seinem Posten, auf dem sich keiner lange halten kann, das sei ein Schleudersitz. Aber ich finde, das ist vielleicht ein wackliger Stuhl; vergleichen könnte man ihn meinetwegen mit dem Rücken eines Stiers beim Rodeo. Aber ein Schleudersitz ist doch was anderes. Das ist im Flugzeug eine Rettungsvorrichtung wie ein Fallschirm! Wer als Pilot gerade abstürzt, ist froh, auf so einem Ding zu sitzen.»

«Es gibt so viele sprachliche Bilder, die auf Missverständnissen beruhen», sagte ich. «Neulich hörte ich wieder einen Kollegen klagen: ‹Man kann sich kaum denken, gegen welche Windmühlenflügel wir anzukämpfen haben.› Gemeint hatte er eine sinnlose Bürokratie oder andere irrwitzige Hindernisse. Bei Cervantes steht es im Don Quijote anders. Da war der Angreifer etwas verrückt, weil er sie für ein gefährliches Tier hielt, nicht die Windmühle.» Mein Fachmann nickte. «Ihr Kollege hat wohl eigentlich die Hydra gemeint, der man einen Kopf abschlägt, und es wachsen ihr zwei neue nach.» So sah ich das auch.

«Dann stört Sie doch bestimmt ebenso», meinte er und sah mich aufmunternd an, «der Quantensprung.» Ich muss wohl etwas verwirrt gekuckt haben. «Der Quantensprung?» Deshalb hat er mir das erläutert: «Ich bin ja Techniker. Mein Chef sagt gern: ‹Wir stehen vor einem *Quantensprung* in der Informationstechnologie!› Er meint damit einen magischen Riesensatz nach vorn.» Ich nickte. Und er fuhr triumphierend fort: «Ein Quantensprung ist jedoch leider nach der Lehre Max Plancks, vor mehr als hundert Jahren aufgestellt, die kleinste Wirkung, die es in der Natur gibt.» – «Und ist zugleich», stöhnte ich, «unsere neueste Metapher für den Beginn einer neuen Ära. Herrlich. Ja, wenn man zu sehr aufs Tempo drückt, schrumpft eben jeder Fortschritt – zum Quantensprung.»

Offensiv und spartanisch Ganz früher sagte man *Ge-*
spräch. Das wurde schon in
den Fünfzigern geadelt zum *Dialog*: «Wir sollten darüber in
einen Dialog eintreten.» Von einer *Diskussion* sprach man
ebenfalls gern, nur Gespräch klang einfach zu schlicht
deutsch. Inzwischen werden Dialog und Diskussion ihrerseits überboten vom *Diskurs*. «Wir suchen den offenen Diskurs mit unseren Kunden.» Ja, so muss man heute wohl
leider schreiben.

Ein *Diskurs* ist zwar ebenfalls eine Erörterung, allerdings
eine streng argumentierende. Der Sozialphilosoph Jürgen
Habermas hat das Wort hervorgeholt und den «öffent-
lichen Diskurs» gefordert. Prompt ahnen nun alle, dass es
sich dabei um etwas noch Besseres handeln muss als bei
den Begriffen Dialog und Diskussion. Und schon bietet
man ihn gar seinen Kunden an. Die gleichen Manager haben gewiss auch eine *Unternehmensphilosophie*, zumindest
eine *Unternehmenskultur.*

Ja, Leute, drückt euch fein aus! Ein Fremdwort muss es
schon sein. Immerhin hatte die schon zitierte Firma ihren
Kunden nur einen *offenen* Diskurs vorgeschlagen. Andere
gehen weiter und steigern das deutsche Wort *offen* gern zu
offensiv. Die sagen dann: «Das sollten wir offensiv mit den
Mitarbeitern erörtern.» Damit wird offensiv zu einer Art
Kreuzung von offen und intensiv. So muss es gemeint sein.
Wir leben beim Verstehen von Fremdwörtern ja gewöhnlich von allerlei Anklängen an Wörter, die wir schon kennen.

Eine lustige Steigerung war vor Jahrzehnten auch die
von *praktisch* zu *praktikabel*, was neuerdings überboten wird
durch *pragmatisch*. Das Wort klingt nach Wissenschaft. Es
macht was her. «Da muss es doch eine pragmatische Lösung geben!», ruft der verzweifelte Abteilungsleiter. So
hoch hätte er nicht greifen müssen, schon ist er wieder bei
der Philosophie gelandet und deren «Kunst, richtig zu handeln», der Pragmatik. Doch kann man auch als gebildeter
Mensch ganz einfach praktisch bleiben.

Und wenn wir in einen karg eingerichteten Raum kommen, so heißt es gern, er sei nur *minimalistisch* ausstaffiert. Obwohl man auch *minimal* sagen könnte. Vielleicht ist jedoch gelegentlich die Stilrichtung Minimalismus gemeint, dann würde es stimmen. Andere sagen lieber, der Raum sei *spartanisch* eingerichtet. Das ist vielleicht sogar mein schönstes Beispiel. Jeder versteht das Wort: So streng und bescheiden, wie es bei den Spartanern üblich war, wo die jungen Krieger auf dem Fußboden schliefen. Aber wissen Sie, was ich vermute?

Spartanisch tritt bei uns einfach als Fremdwort ein für das gute alte Wort *sparsam*. Früher sagte man: «Sie leben sparsam.» Heute sagte man: «Sie leben spartanisch.» So erklären sich Fremdwörter eben vom Klang her. Darüber sollten wir einmal ganz pragmatisch in einen offensiven Diskurs eintreten.

Unterprivilegierte Massen «Die Rückabwicklung dauert etwas», entschuldigte sich mein Finanzberater. «Rückabwicklung?», wiederholte ich ungläubig. «Ja, erst wurde der Verkauf abgewickelt», sagte er, «jetzt möchten Sie ihn rückgängig machen, das nennt man Rückabwicklung.» Gern hätte ich eingewendet, wenn der Verkauf abgewickelt worden sei, heiße das Gegenteil doch wohl «aufwickeln». Doch der versierte Mann hatte gleich ein Beispiel zu seiner Rechtfertigung parat: «Wenn ein Haus abgerissen wird, nennt man das ja auch Rückbau; erst wird gebaut, dann rückgebaut.» – «Wieso Rückbau», erwiderte ich, «da wird doch nichts gebaut, sondern zerstört?» – «Heißt aber so», meinte mein Finanzmann.

«Ja», sagte ich resigniert, «ihr Wirtschaftsleute sprecht ja auch von Minuswachstum. Auch das habe ich nie verstanden. Etwas schrumpft, und das nennt man dann Wachstum, wenn auch mit einem Minus davor, Minuswachstum.»

«Ich verstehe Ihr Unbehagen», bekam ich zu hören,

«aber solche Einwände sind doch kontraproduktiv.» Er sah mich so lauernd an, als hätte er mir ein Kuckucksei ins Nest gelegt. «Kontraproduktiv», rief ich prompt, «dieser US-amerikanische Schwachsinn! Soll heißen, etwas ist abträglich.» Und leicht erregt fuhr ich fort: «Genau, ja, abträglich! Ein schönes Wort. Hinderlich, wenig hilfreich! Aber es heißt jetzt ‹kontraproduktiv›.» Mein Fachmann war mit mir zufrieden. Er fand den Ausdruck auch nicht überzeugend.

«Was mich aber wirklich stört», sagte er, «ist das Wort ‹unterprivilegiert›. Ich denke, das ist kein kluger Begriff, weil Privilegien ja Vorrechte sind.» Ich blickte wohl irgendwie ins Leere, und so war er bereit, das zu erklären. «Eine unterdrückte Gruppe als ‹unterprivilegiert› zu bezeichnen, ist fast ein Widerspruch in sich. Das hieße ja, sie habe nicht genug Vorrechte. Doch Vorrecht sollte man nicht ausbreiten, sondern abschaffen. Bei allen!» Mir dämmerte etwas. «Sie meinen», sagte ich zögernd, «der unterdrückten Gruppe mangelt es ganz einfach an Rechten, nicht etwa an Vorrechten.» Er schien mit meiner Auffassungsgabe zufrieden.

Um nun meinerseits diesem Sprachkenner zu imponieren, murmelte ich, man sollte die Umwandlung des Deutschen endlich mal «entschleunigen». Und weil er nicht reagierte, schob ich nach: «Das soll soviel wie ‹verlangsamen› bedeuten. Doch kann man das wohl kaum mit ‹schleunigen› ausdrücken, denn das bedeutet doch, dass etwas schneller wird. Man kann ja auch nichts entschnellern.»

«Mag schon sein», entgegnete mein Gegenüber ungerührt, «aber die Schmerzgrenze ist für mich erst erreicht bei der Fachbezeichnung ‹abgereichertes Uran›.» Ehe ich reagierte, spottete er, man könne dann ja auch sagen: «Die Aktienbesitzer wurden durch den Kurssturz ziemlich abgereichert.» «Ja, man sollte», pflichtete ich ihm bei, «vielleicht besser sagen, durch Beratung ist schon so mancher kontrabereichert worden.» Er nickte: «Oder sagen wir einfach: Sein Geld wurde ziemlich entmehrt.»

Rücksichtslos ohne Rückspiegel «Da müsste ich mich», sagte der Autoverkäufer, «zuerst mal bei den Kollegen rückversichern.» Das verstand ich gut, denn bei anderen sucht man gern in einer Rücksprache Rückhalt. In diesem Sinn ist man dann rückversichert. Was sollte mein Berater auch sonst sagen? Da muss ich mich erst einmal «absichern»? Klingt unsicher. Oder «vergewissern»? Das hieße, er tue es auf eigene Faust. Oder «versichern»? Das wirkt doch so, als wolle er eine Risikoversicherung abschließen. Nein, das sagt man nicht! «Rückversichern» ist die Wahl. Obwohl das nun so klingen könnte, als wollte mein Berater sich mit einer Rückversicherung absichern.

Das aber gelingt einem Privatmann sowieso kaum, denn es ist etwas für Versicherungsunternehmen, die ihrerseits eine Versicherung brauchen. Auch der politische Vertrag, den Bismarck mit Russland getroffen hatte, hieß Rückversicherungsvertrag, er wurde 1890 aufgehoben. Während sich mein Berater rückversicherte, las ich in einem Fahrbericht, der einen Sportwagen schilderte, der hier wohl ebenfalls erhältlich war: «Die Superbremse funktioniert als Rückversicherung erster Güte.»

Die bloße Versicherung scheint wirklich auszusterben. Noch selbstverständlicher ist einem, wenn es ums Auto geht, nur der *Rückspiegel*. Der heißt so zur Abgrenzung von den beiden Außenspiegeln. Ist aber nicht jeder Spiegel irgendwie rückwärts gerichtet? Immerhin, im Rückspiegel sieht man sich nicht selbst, im Gegensatz zum Schminkspiegel über dem Beifahrersitz. Dennoch könnte man diesen sogenannten Rückspiegel auch Innenspiegel nennen.

Den braucht man auch beim Rückwärtsfahren. Wenn ein Politiker rückwärts fährt, sich also von einer forschen Position zurückziehen muss, sagt man entweder, er mache einen Rückzieher (niemand weiß, woher diese Redewendung stammt), oder man sagt: Er rudert zurück. Ja, Leute, warum rudern Politiker so oft, vor allem zurück? Das ist ebenfalls recht unverständlich, zumal sich ein Ruderer immer rückwärts bewegt, das hat seine Bewegung nun mal so an sich. Rudern ist der einzige Sport, bei dem es immer rückwärts geht.

Nun hat das Wort «Ruder» bei uns ja zweierlei Bedeutung. Einmal ist damit der Antrieb gemeint, also das Ruderblatt, zum anderen die Steuerung bei Schiffen. Daher sagt man ja auch, man müsse «das Ruder herumwerfen». Weil diese zweite Bedeutung hineinspielt, scheinen mir Politiker bei uns «zurückzurudern». Entstanden wäre das dann aus einer Verquickung von «das Ruder herumwerfen» und «den Rückzug antreten». Die Redewendung ist natürlich auch deswegen so beliebt, weil unsereiner kaum je derart hilflos wirkt wie bei Wendemanövern in einem Ruderboot. Insofern entfaltet das Bild vom Zurückrudern die ganze jämmerliche Verlegenheit, die gemeint ist.

Wenn es mal wieder soweit ist, kann man nur hoffen, dass unser Politiker immerhin rückversichert ist oder doch Rückhalt findet, wenn es schon im Boot keinen Rückspiegel gibt. Weil der fehlt, rudert er rückwärts ohne jede Rücksicht. So kennen wir Politiker ja schon. Aber was soll er machen? Hoffentlich lässt er wenigstens die nötige Vorsicht walten.

Erst Reklame, dann Reklamation Was ist ein *Snob*? Man sieht ihn vor sich, hochmütig, vornehm … Der Wissenschaftler und Sprachkenner Helmut Seiffert meinte, so einen Kerl vor sich zu sehen, besser: ihn zu hören. Denn so einer schnieft. Ja, er schnieft! Also er atmet hörbar durch die Nase ein. Davon war Seiffert überzeugt, oder genauer davon, dass wir alle uns Fremdwörter gelegentlich von ihrem Klang her erklären. In Wirklichkeit weiß man nicht, wie das Wort Snob entstand, nur dass es in Cambridge einen Studenten bezeichnete, der über seine niedrige Herkunft hinwegtäuschen will. Oft genannt wird die leider unbelegte Vermutung, das Wort sei eine Abkürzung von «sine nobilitate» (ohne Adel): s. nob.

Natürlich wissen wir auch, was ein *Schmarotzer* ist. Da klingt der Rotz an, und genauso unangenehm wie der Klang ist uns auch dieser Kerl, der andere ausnutzt. Er rotzt. Genauso wie Graf Rotz, der wahrscheinlich wiederum ein Snob war. Auch beim Schmarotzer ist die Herkunft unbekannt, irgendwas wie «intensiv betteln» mag da (schon seit dem 15. Jahrhundert) anklingen.

Solch ein Schmarotzer steckt dann schnell im *Schlamassel*, ein Wort, das wir versucht sind, mit zwei «m» zu schreiben, weil wir den Schlamm geradezu hören können, der hier gemeint sein muss. Doch ahnen wir gleichzeitig, dass es Jiddisch ist und in Wirklichkeit das «Massel», genauer: das schlimme Massel, dahintersteckt, also das schlimme Geschick, das Unglück. Von Schlamm keine Spur, aber wir hören es so.

Da will das *Massaker* nicht zurückstehen, das für uns natürlich ein Massenmord oder Massensterben ist, weil es im Deutschen so klingt. Tatsächlich aber ist es einfach das französische Wort für eine Schlächterei. Von «Masse» keine Spur, obwohl es im Französischen ebenfalls für ein Sterben vieler, eben für ein Blutbad, verwendet wird.

So begreifen wir allzu schnell. In einem Fall aber hatte dieses Verstehen bei mir ausgesetzt. Erst ein Satz des damaligen «Spiegel»-Korrespondenten in Moskau musste mich darauf bringen. Er, des Deutschen etwas entwöhnt, schrieb im Dezember 2002 vom neuen Luxus, und er nannte als Beispiel «die von Warenhäusern *reklamierten* ‹Möbel aus Europa›». Offenbar machten Warenhäuser Reklame mit der Bezeichnung «Möbel aus Europa». Da erst begriff ich, dass unsere beiden Fremdwörter «Reklame» und «reklamieren» eng verwandt sein müssen.

Eine Reklamation ist, klar, eine Beanstandung, eine Reklame ist ein Rühmen – und damit fast das Gegenteil. Man möchte spotten: erst Reklame, dann Reklamation (der übliche Ablauf, wenn man das Falsche gekauft hat oder die Hoffnungen trogen). Können so verschiedene Wörter auf eine Wurzel zurückgehen? Sie können. Beide kamen über das Französische zu uns, die Reklamation über die Bedeutung «zurückfordern», die Reklame über den Wortsinn «zurückrufen, locken».

Den gleichen doppelten Sinn hat das lateinische «reclamare», was «laut rufend widersprechen» meint. Bei der *Reklame* könnten, so scheint es, die ersten beiden Worte «laut rufend …» Pate gestanden haben, beim *Reklamieren* hingegen «widersprechen».

Ja, versucht man, Wörter herzuleiten, gerät manch Snob ins Schlamassel, und die Schmarotzer erleben ein Massaker.

Idealtypisch wird das erst postum In einer Theaterrezension war zu lesen, die Besetzung sei «ein idealtypischer Glücksfall». Man ist den Ausdruck ja schon gewohnt, und immerhin ahnen wir, was gemeint ist: Der Fall ist einerseits irgendwie typisch für dieses Theater, aber auch ideal. Ein Glücksfall! Manche Zeitgenossen sagen wohl ungern einfach «ideal», weil das so schwärmerisch klingt. «Idealbesetzung», veraltet. Die Sache sollte als idealtypisch empfunden werden.

Doch man ahnt es schon, dass diese Deutung selbst kaum als idealtypisch gelten darf, jedenfalls nicht als ideal. Denn ursprünglich, beim Erfinder gleichsam, heißt hier «ideal» nicht so viel wie «gut» im Sinne des idealen Gatten und der idealen Lage. Sondern … Ja, das ist etwas kompliziert, weil wir es hier mit Soziologie zu tun haben. Und dort bedeutet der Ausdruck nur: Etwas sei «typisch – der Idee nach».

Es geht da um den «Idealtypus», einen Begriff, der von Max Weber (1864–1920) eingeführt wurde. Der Idealtypus wird (mühsam, mühsam!) durch gedanklich einseitige Steigerung bestimmter Elemente der Wirklichkeit gewonnen. Man könnte es auch so sagen, die Soziologen müssen ja ihre Begriffe erst aus der Wirklichkeit herausfiltern, bevor sie sie der Wirklichkeit überstülpen. Ideal aber, im Sinne von gut, ist diese Wirklichkeit nicht. Man könnte zum Beispiel von idealtypischer Bandenkriminalität sprechen. Nichts wirklich Erfreuliches. Es hieße nur: Der vorliegende Fall entspricht dem Typus einer Bandenkriminalität – wie er der Idee nach definiert ist.

Bei den Juristen gibt es einen ähnlich missverständlichen Begriff, die «Idealkonkurrenz». Sie besteht etwa dann, wenn ein Verbrecher mit ein und derselben Handlung gleich mehrere Strafgesetze verletzt hat. Das ist auch nicht gerade «ideal», aber auch hier konkurrieren strafrechtliche Bestimmungen «der Idee nach».

Jedenfalls ist Max Weber postum in Missverständnisse geraten. Postum? Das wird meist mit einem Buchstaben mehr geschrieben, «posthum». Und ich weiß nicht wirklich, warum. Es ist ein lateinisches Wort, das kein «th» kennt, aber schon im Mittelalter kam diese Schreibweise vor. Meine Vermutung ist, dass es heute gern als post-hum gelesen und verstanden wird, so als bedeute es: «nach dem Humanum» (dem Menschlichen) oder gar «nach dem Humus», also nachdem jemand zur Erde wurde. Errare humanum est. Und der Humus bleibe uns erspart.

Bekannt sind auch die nachgelassenen Werke einiger Komponisten, die als «Opus postumum» bezeichnet werden. Zu betonen «póstumum». Das Wörtchen, um das es uns hier geht, ist der Superlativ zu «posterus», was «nachkommend» bedeutet. Der Superlativ postumus bedeutet dann: der letzte und etwas, was nach dem Tode eintritt. Das kann der Nachruhm sein, aber auch ein nachgeborenes Kind. Daher ist das Opus postumum das nachgelassene, nach dem Tode erst herausgegebene Werk.

Eine Klippe auch für Ansager! Vor allem einen älteren Herrn im Radio habe ich gut im Ohr, der sagt immer betont, als wollte er zeigen, dass ganz allein *er* es richtig weiß: post-húmum. Mit langer Pause im Wort: «Opus post-hú-mum», und natürlich in dieser Betonung. Nachdem der Komponist zu Humus wurde! Eine nicht ganz idealtypische Deutung.

ben Ihrem Wi-
dersacher einen *Brandbrief* geschrieben, denn das ist inzwischen längst ein Brief, der mit flammenden Worten eine
brandeilige Sache vorträgt, vielleicht ein Bittbrief oder ein
Mahnbrief. Vor Jahrhunderten, als man noch nicht gegen
Feuer versichert sein konnte, da war der Brandbrief das amtliche Schreiben, das einem Abgebrannten ausgestellt wurde,
um ihm zu bescheinigen, er habe Grund zum Betteln.

Hingegen wollen Sie mit besagtem Brandbrief Ihren
Gegner «*in die Schranken weisen*». Das war einst nicht die
Aufforderung «Bleib du in deinen Grenzen!», sondern diese Schranken markierten den Gerichtsort oder den Tur-
nierplatz. Man forderte jemanden mit den Worten: «Ich
weise dich in die Schranken» dazu auf, den Streit auszu-
fechten. Und das tun Sie ja auch gerade.

Vor Gericht erweist Ihr eigener Anwalt Ihnen einen *Bärendienst*, nicht etwa, indem er Ihnen einen Bären aufbindet,
sondern ganz wie jener zahme Bär, der seinem Herrn eine
Fliege von der Nase scheuchen wollte und ihm dabei das
Gesicht zerfetzte. So erlangen Sie vor Gericht einen *Pyrrhus-
sieg*, der leider kaum besser ist als der Bärendienst, nämlich
ein verlustreicher Sieg von der Sorte, die man nicht zweimal übersteht.

Am Stammtisch nennen Sie Ihren Anwalt halblaut einen
Quartalssäufer, weil er wirklich ein Viertele Wein nach dem
anderen trinkt. Aber dann fällt Ihnen ein, dass ein Quartalssäufer eigentlich einer ist, der einmal im Quartal, oder
doch wenigstens periodisch, besoffen ist. So wendet sich
Ihr Zorn stattdessen gegen das Gericht, und Sie klagen darüber, dass die Justiz, dieser «*zentrale Eckpfeiler*» unserer
Ordnung, einsturzgefährdet sei.

Da trifft es sich gut, dass Ihr Freund, der Architekt,
Ihnen erklärt, einen zentralen Eckpfeiler habe man noch
nicht erfunden. Und Ihr anderer Freund, der Pastor, macht
deutlich, jener Eckpfeiler sei eigentlich der bekannte Eckstein aus dem Alten Testament, jener am Tempelberg zu Je-

146   rusalem, Urbild eines Fundaments. Daher sprachen früher die Gebildeten gern vom Eckstein, bis irgend jemand als Steigerung den Eckpfeiler erfand, der bald darauf auch noch zentral wurde.

Wegen des Fehltritts mit dem zentralen Eckpfeiler erbleichen Sie nun, was man auch als «erblassen» bezeichnen kann. Und dabei fällt Ihnen ein, dass Sie in Ihrer Kindheit geglaubt haben, ein Verstorbener werde als *Erblasser* bezeichnet, weil er eben erblasst sei. Erblassen, ein Wort, das ja von Poeten durchaus als Metapher des Sterbens verwendet wurde. Doch Pustekuchen! Der Erblasser hinterlässt ein Erbe, ist also Erb-Lasser. Nun ist das klar. (Von solchen Vexierbildern gibt es im Deutschen einige, etwa den Wachtraum und die Staubecken.)

Sie sind nicht mehr erblasst, aber machen so ein trauriges Gesicht, dass Ihr Freund, der Theologe, Sie hier am Stammtisch auf Ihre *Leichenbittermiene* anspricht. Gleich fällt Ihnen das bekannte Leichengift, das so bitter riecht, wieder ein, und Sie wollen sich abwenden, als Ihnen klar gemacht wird, dass «die Leich» früher in Süddeutschland das Begräbnis war. Zur Teilnahme wurde nicht mit Anzeigen gebeten, sondern durch bezahlte Boten, die «zur Leich bitten» sollten, natürlich mit der entsprechenden Miene des Leichenbitters. Danach ging man zum *Leichenschmaus*, den Sie nun endlich ebenfalls in seiner ganzen Unschuld erkennen. So klärt sich doch alles auf.

Steilpass für Kugelblitz «Eigentlich ist ein Jurist ja ein Recht-Ausleger, wenn er aber», so erklärte mir ein Journalist und Kollege, «etwas rechtslastig ist, dann kann man ihn auch einen Rechtsausleger nennen.» – «Aha», sagte ich, «im Gegensatz zum Linksanwalt.» Doch uns hatte ein Herr vom Sport zugehört, dem der Rechtsausleger nicht gefiel. «Ein Rechtsausleger», sagte er, «ist eigentlich ein Boxer.» Dabei blickte er etwas verlegen, denn über's Boxen Bescheid zu wissen, gilt nicht überall als fein. «Was legt denn ein Boxer schon aus», höhnte mein Kollege, «vielleicht die Ringregeln?»

«Ein Rechtsausleger ist ein Boxer, der in Rechtsauslage boxt», entgegnete bescheiden der Kenner, «das ist seine Führungshand, was zugleich bedeutet, dass ein Rechtsausleger ein Linkshänder ist.» «Aha», sagte mein Kollege, «der legt rechts aus und schlägt links zu!» Genau das, bestätigte unser Berater.

«Wenn's ums Boxen geht», sagte ich, «kann ich nur gleich das Handtuch werfen.» Unser Fachmann schüttelte den Kopf. «Wissen Sie», seufzte er, «bei den Laien sagt man immer von einem Kämpfer, der aufgibt, er habe das Handtuch geworfen, aber das wäre nicht ganz korrekt.» Dieser Fachmann bestand darauf, es sei immer der Trainer oder Betreuer, der für seinen boxenden Schützling, der aus dem Kampf genommen werden muss, das Handtuch werfe.

«Das war ja eine Steilvorlage für Sie», sagte mein Kollege, «so steil, fast senkrecht nach oben.» Unser Boxfachmann behauptete nun, er kenne sich im Fußball einigermaßen gut aus, und eine Steilvorlage gehe eigentlich nicht steil nach oben. Unsere rätselnden Blicke hingen an seinen Lippen. Dann lüftete er auch dies Geheimnis: Steil heiße in diesem Fall so viel wie längs zur Spielrichtung, es sei einfach der Gegensatz zum Querpass.

Mein Kollege nickte, «Flanke, Kopfball, Tor!», rief er, «Querpässe sind auch viel aufregender als Steilvorlagen!» Dann juckte es ihn aber doch, diesen wahren Sportsmann zu necken: «Warum nennt ihr Sportjournalisten eigentlich einen kleinen, rundlichen Spieler, der verblüffend schnell ist, einen Kugelblitz?» Der Kenner nickte. «Das ist doch klar», meinte er, «schnell wie ein Blitz, obwohl ein wenig kugelig.» Das war genau die Auskunft, auf die mein Kollege offenbar gewartet hatte.

«Ein Kugelblitz», dozierte er, «hat insofern etwas mit Fußball zu tun, als er so groß wie ein Fußball sein kann. Aber leider, leider, er bewegt sich langsam, recht langsam sogar, rollend oder springend nahe der Erdoberfläche; verschwindet sodann still oder explodiert mit einem Knall.» Der Sportreporter verstand die Welt nicht mehr. «Ein langsamer Blitz?», fragte er zurück. «Ja», sagte mein Kollege, «so langsam, dass jeder Spieler es als Beleidigung auffassen müsste, ein Kugelblitz genannt zu werden.» Der Fußballkenner wirkte inzwischen noch langsamer als ein Kugelblitz.

«Ich werfe das Handtuch», sagte ich, «und nehme unseren Sportkollegen aus dem Kampf.»

Gemengelage von Handy und Handikap Im Vorfeld der Fusion beider Firmen, meinte ein Insider, sei «eine Gemengelage entstanden», und niemand wisse, wer die Oberhand behalte. Ja, von einer Gemengelage hört man jetzt öfter, und die Sache hat ja den Vorteil, dass jeder gleich versteht: Es handelt sich um eine Art «Handgemenge-Lage». Das ist die Lage. Da werden allerhand Leute behände handgemein. Übrigens, die Wendung *handgemein werden*, die stammt wohl aus dem Ringkampf, wo man die Hände zusammen haben, eben gemein haben kann.

Gemengelage? Es ist ja ganz gleich, wie ein Wort angewendet wird, Hauptsache, alle verstehen das Gleiche darunter. Und das scheint der Fall zu sein. Obwohl … Ja, obwohl das Wort eigentlich geschaffen wurde, um die Lage verstreuter Grundstücke in einer Feldmark zu bezeichnen. Wenn die Felder und Wiesen eines Hofes eine Gemengelage bilden, hilft nur noch die Flurbereinigung. Und was ist das nun wieder? Wahrscheinlich eine Aufgabe für Gebäudereiniger, die sich weigern, die Räume zu betreten, und sich auf den Flur beschränken …

Im Handgemenge wurde früher so manches gehandhabt («lieber etwas handhaben als gar keine Hand haben»), was heute *gehandelt* wird. Das spricht man englisch aus: gehändelt. Warum auch nicht, denn die Engländer haben doch einst unseren Händel, ich meine G. F. Händel, zu ihrem ganz eigenen «Handel» gemacht. Daher haben wir uns das Gesetz des Handelns jetzt mit dem (englischen) Händeln zurückgeholt. Genau! Besser Handel treiben als Händel suchen. Händel? Woher stammt dies Wort nun wieder? Ja, das ist der Streit in der Ver«hand»lung. Den man wohl besser nicht handfest bei einem Hendl begraben sollte, selbst wenn man von Beruf Händler ist.

Schnell haben wir den Engländern und Amerikanern auch vorgemacht, wie man so ein mobile phone oder call phone am besten nennt, nämlich einfach: Handy. Dieses Wort gibt es im Englischen als Eigenschaftswort, und es meint: handlich, leicht erreichbar (zu Deutsch: vorhanden, oder zuhanden, auch wenn es uns manchmal abhanden kommt). Aber die Englischsprachigen sind ja nicht darauf gekommen, das Mobile, das wahrlich *handy* ist, auch so zu nennen. Das lernen die jetzt von uns – hoffe ich.

Wenigstens ist noch die *Hantel* in Ordnung. Auch wenn sie sich mit dem blöden «t» schreibt, stammt sie dennoch vom norddeutschen Handgriff und ist vom Turnvater Jahn im Jahre 1816 so erfunden und benannt worden. Auch wenn hantieren wieder was anderes bedeutet und nichts mit der Hand oder der Hantel zu tun hat, sondern eigentlich «hin- und herziehen» bedeutet.

Und was ist mit dem bekannten *Handikap*? Da ist die Herkunft leider unklar, außer dass dies Wort nun wirklich aus dem Englischen stammt. Gemeint ist ein Nachteil, der im Sport als Ausgleich von Vorteilen vergeben wird. Später wurde jede Art von Behinderung so genannt. Hergeleitet vielleicht von einem Spiel, bei dem tatsächlich mit der Hand etwas aus einer Mütze (cap) gezogen wurde. Oder war die Hand «captured», also gefangen?

Der Soziologe Arnold Gehlen unterschied Handwerksburschen und Maulwerksburschen. Das Letztere waren für ihn die Journalisten und andere Sprüchemacher. Also schweigen wir!

Sparschwein macht Mundpropaganda Deutschland ist größter Nettozahler in der EU und wurde wegen seiner Großzügigkeit gern als «Zahlmeister Europas» bezeichnet. Man kann das Wort leicht verstehen, aber es ist doch etwas irreführend. Denn ein Zahlmeister war bei der alten Armee ein Militärbeamter, der unter anderem den Sold auszahlte, also bestimmt nicht den reichen Onkel spielte, der aus eigener Tasche ordentlich blechte, sondern nur eine Art Kassenwart der Truppe. Und so einer war Deutschland in Europa gewiss niemals. So klein müssen wir uns nicht machen.

Wenn wir schon mal wieder bei den schiefen Bildern sind, darf auch der Ausspruch nicht fehlen, den vor allem die Beamten oder die Rentner hervorstoßen, wenn gerade wieder Sparzwänge herrschen: «Wir sind nicht das Sparschwein der Nation!» Ob das Bild stimmt? Es klingt nach dem armen Schwein, *an* dem gespart werden soll. Ein Sparschwein jedoch ist meist gemästet mit Geld und durchaus dafür da, eines Tages geschlachtet zu werden. Wie möchten sich die Herren denn nun sehen?

Hinter der Unklarheit steckt wohl die Verwirrung darüber, dass es zwei Bedeutungen von Sparen gibt: *weglassen* («Das spar ich mir», «an der Stelle können wir sparen»).

Oder: *sammeln* («Spare in der Zeit, dann hast du in der Not»). Der Aufschrei der Beamten will sagen: «An uns armen Schweinen kann man nichts einsparen», was auf der ersten Bedeutung fußt. Dem Bild vom Sparschwein jedoch liegt der zweite Sinn zugrunde. Es könnte nur bedeuten: «Wir sind keine, die man schlachten darf, um das viele gesparte, in uns gesammelte Geld zu entnehmen!» So aber meinen es die Rentner, Beamten oder Polizisten bestimmt nicht. Sie halten sich nicht für gemästet.

Und wenn wir schon bei den Polizisten sind: Die hat man auch schon als «Prügelknaben» bezeichnet, wenn sie mal wieder eine Demo aufzuhalten hatten, mit dem Schlagstock, versteht sich. Aber Prügelknaben, das wäre doch zu nett gesagt. Ein Prügelknabe soll, so heißt es, am chinesischen Hof jener bedauernswerte Wicht gewesen sein, der die Prügel bezog, die eigentlich einem Prinzen hätten verabreicht werden müssen. Der arme Knabe war etwas Ähnliches wie der Sündenbock im Alten Israel. Und bekam die Prügel, die ein Polizist manchmal auszuteilen hat.

Unsere Freunde und Helfer verstehen sich im Notfall auf die Mund-zu-Mund-Beatmung, was uns freut. Aus diesem schönen und sehr passenden Wort hat sich eine Variante abgeleitet, die mir weniger einleuchtet, nämlich die Mund-zu-Mund-Propaganda. Was hat man aus dir, du gute alte «Mundpropaganda», gemacht? Wird diese Propaganda jetzt im Stil einer Mund-zu-Mund-Beatmung verbreitet? Gewiss, schon zu Goethes Zeiten hieß es: «Das Wort flog von Mund zu Mund.» Aber die Propaganda ging doch mehr vom Mund ins Ohr. Sonst möchte man sich doch nicht so gern an ihr beteiligen.

Die grüne Lunge «Na, du hast wohl *Tomaten auf den Augen?*», das kann man durchaus zu hören bekommen, wenn man sich mal wieder als halbblind bewährt hat. Meinetwegen, aber warum gerade Tomaten? Ja, der Ursprung der Redensart verrät, dass es wirklich Tomaten sein mussten. Damals standen noch gelegentlich Polizisten an der Ampel, und so einer beugte sich zu einem Fahrer, der bei Grün nicht losfahren wollte, und sprach ebendiesen Scherz aus. Womit er meinte: «Sie sehen die Ampel wohl immer noch auf Rot.»

Mit «Grün» gibt es ebenfalls einen verunglückten Scherz. Nämlich wenn man einen Park in der Stadt eine «*grüne Lunge*» nennt. Also gleichsam eine Lunge, nur eben grün. So ganz kann ich mich darüber nicht freuen, obwohl ich mich damit nur wieder als kleinlich erweisen werde. Gewiss, der Park ist gut für die Lunge, aber ist er selbst eine? Die Lunge braucht Sauerstoff, der Park, genauer die Pflanzen, Sträucher und Bäume in ihm, produzieren diesen Sauerstoff. Aha. Doch der Ausdruck lässt sich rechtfertigen, wenn man sich sagt: So wichtig wie die Lunge für den Körper sind die Grünflächen für die Stadt. Dann mag das Bild stimmen. Beinahe jedenfalls.

Wenn man einmal anfängt, unsere Sprachbilder zu prüfen, ist kein Halten mehr. Also, offen gesagt, mich wundert auch der Ausdruck «*Erdrutschsieg*». Er stammt aus dem Englischen und ist schon deshalb recht beliebt. Aber ein Erdrutsch ist doch eine ziemliche Katastrophe, ein Sieg aber ist, zumindest für die siegreiche Partei, keine Katastrophe. Durchaus nicht! Das Wort müssen wohl Unterlegene erfunden haben. Wahrscheinlich beim *Vier-Augen-Gespräch*, bei dem ich immer an vier Augen denken muss, die sich gerade unterhalten. Doch gebe ich zu, dass man das Wort auch richtig verstehen kann.

Schöner ist der Ausdruck *Tiefenschärfe*, wenn er außerhalb der Optik verwendet wird, wo er natürlich zu Hause ist. Es heißt aber auch gern bei eleganten Publizisten: «Das verleiht dem Konflikt eine besondere Tiefenschärfe.» Und ich vermute, dass sie dabei an eine Kombination von Tiefe und Schärfe denken. Der Konflikt hat eben an Tiefe und Schärfe zugenommen.

Mein Liebling in den optischen Gefilden aber ist der «*soziale Brennpunkt*». Der Brennpunkt, der außerhalb einer

Linse liegt, heißt so, das ist klar, weil dort die Lichtstrahlen so gebündelt werden, dass man damit Feuer machen könnte. Das Wort wird heute aber – wieder jenseits der Optik – doch etwas anders verstanden. Gemeint ist ein Stadtviertel oder eine Region, wo die sozialen Konflikte immer wieder aufflammen. Ein Punkt, an dem es brennt. Gut, dennoch weiß ich nicht, ob ich das Bild passend finden soll. Wenigstens ist in der Optik der Brennpunkt, auch Fokus genannt, nicht ein Punkt, an dem es ständig brennt. Es *könnte* dort allenfalls brennen.

Sie und ich, so schlage ich vor, wir sollten den Begriff mal in einem Vier-Augen-Gespräch mit der nötigen Tiefenschärfe betrachten. Vielleicht in einer grünen Lunge, aber bitte ohne Tomaten auf den Augen. Sonst nützt das schönste Brennglas nichts.

Unbefleckte Empfängnis «Das Land, in dem Milch und Honig fließen, das *gelobte Land*.» Schon falsch. Aber das wird oft verwechselt. Zwar hieß es vom Land Israel wirklich, dass dort Milch und Honig fließen sollten, aber es war deswegen noch kein «viel gelobtes Land». Sondern «gelobt» bedeutet hier nur *versprochen*, so wie in dem Wort Gelöbnis. Gott hatte dem Volk dieses Land gelobt und hat sein Gelöbnis eingehalten.

Da man der religiösen Bildung ja allenthalben aufhelfen soll, hier noch ein paar kleine Hinweise. Die *Unbefleckte Empfängnis*, das ist eine speziell katholische Lehre und eine recht spät entstandene zudem. Sie ist nicht zu verwechseln mit der Jungfrauengeburt, obwohl beides selbst von Kirchenleuten nicht immer auseinander gehalten wird. Die Unbefleckte Empfängnis meint, schon Maria selbst sei unbefleckt empfangen (und geboren) worden, sei also nicht mit der Erbsünde belastet. Davon steht in der Bibel zwar nichts, wohl aber von der Jungfrauengeburt, nach der Maria als Jungfrau geboren haben soll. Geboren *werden* und geboren *haben*, das ist der Unterschied.

Und weil wir gerade dabei sind: «Mystisch» und «my-thisch» wird natürlich auch gern verwechselt, weil beide Ausdrücke griechischen Ursprungs und tatsächlich in mancher Hinsicht ähnlich sind. *Mystisch* bedeutet geheimnisvoll, auch eingeweiht oder verborgen, wie die Mysterien des mysteriösen Mystikers es eben sind, der seine Religion in Versenkung und innerer Schau erlebt. Hingegen ist der *Mythos* auf Griechisch einfach die Rede oder Erzählung, später auch ein Sagenschatz oder eine urtümliche Weltan-schauung. *Mythisch* wäre dann alles Sagenhafte oder urzeit-lich Überlieferte. Auch Heroen der Popmusik können zum Mythos werden, zur Legende. Heutzutage sogar schon zu Lebzeiten.

Doch wird kaum jemand merken, ob Sie «mystisch» und «mythisch» wirklich unterscheiden können, denn ob Sie nun sagen: «Das kommt mir ziemlich mystisch vor» oder «das halte ich aber für mythisch», es läuft inzwischen fast aufs Gleiche hinaus. Der Unterschied hat sich abgeschlif-fen, weil die Wörter zu ähnlich klingen. Das ist ja das Gute bei Fremdwörtern: Die ungefähre Anwendung zu kennen, das reicht oft schon.

Dasselbe gilt von «Kreuz» und «*Kruzifix*». Selbst als es vor dem Verfassungsgericht 1996 darum ging, ob in Schul-klassen ein Kreuz erlaubt sei, wurde im Urteil beides nicht klar unterschieden. Das Kreuz ist ein schlichtes Kreuz, das Kruzifix aber eins mit dem Leichnam Jesu darauf. Es meint wörtlich den «ans Kreuz Gehefteten». Eher evangelische Tradition ist es, den Körper Jesu nicht abzubilden, hinge-gen gut katholisch, den Gekreuzigten zu zeigen. Eine Voll-form, wenn man so sagen darf, die wohl auf Nichtglauben-de anstößiger wirkt, während ein Kreuz unscheinbar sein kann bis zum Dekorativen.

Na, Hauptsache, Sie halten den Spruch, den man manchmal in Barockkirchen findet, «Soli deo gloria», nicht für einen Werbespruch. Jener Kosmetikartikel, der eigent-lich «Deodorant» heißt und sich in die Bestandteile De-odorant aufteilen müsste (nicht-riechend), wurde ausge-

rechnet verkürzt zu *Deo*. Und gleicht damit dem Dativ von
deus. Doch – Sie wissen ohnehin Bescheid. Soli deo gloria.
«Allein Gott die Ehre!» Und nicht dem Deo «Gloria».

Sie kennt Gott und die Welt   Also, die «Sündflut», das ist
ein uralter Irrtum, schon
seit dem hohen Mittelalter. Vorher war das die Sintflut,
worin das Wort «sin» steckt, was «ausdauernd, umfassend»
bedeutete. Das wurde bald nicht mehr verstanden und zur
Sündenflut umgedeutet. Bis heute.

Verwechslungen lauern fast überall. So musste ich erst in
den Stanzen des Vatikans stehen, auf Klassenreise vor dem
Abitur, um zu lernen, dass die dort gemalten «Kardinaltugenden» nicht die Tugenden der Kardinäle sind. Blamage
vor dem Klassenlehrer. Obwohl die Kardinäle sich ein Beispiel an diesen Tugenden nehmen sollten! Nein, wie bei
den Kardinalzahlen geht es hier nur um den Grund-,
Haupt- und Angelpunkt. Abgeleitet ist das Wort von *cardo*,
der lateinischen Türangel. Und die Kardinäle sind nur zufällig ebenso wichtig wie die Kardinaltugenden, die sie
nicht unbedingt an den Tag legen.

Wir bleiben bei den religiösen Angeln und Fußangeln.
Da sind zwei Redensarten zu besichtigen, die sich in letzter
Zeit verändert haben. «Den Finger in die Wunde legen»,
bedeutet nach dem Neuen Testament soviel wie «den
Zweifel überwinden wollen», denn der Jünger Thomas, genannt der ungläubige Thomas, wollte erst an die Auferste-
hung glauben, wenn er den Finger in die Wunde Jesu legen
könnte, so erzählt es der Evangelist Johannes (20,25).

In neuerer Zeit sagt man meist «den Finger *auf* die Wunde legen» im Sinne von: «auf einen wunden Punkt hinweisen», also auf Missstände. Damit sind wir vom biblischen
Ursprung weit entfernt. Jetzt hört man es zwar wieder mit
in, aber mit wiederum anderer Bedeutung. Dann soll nämlich «den Finger *in* die Wunde legen» soviel bedeuten wie:
«Salz in die Wunde streuen». Solch ein Schwanken der

Verwendung ist aber normal, man muss eben nur genau hinhören, was der andere sagen will.

Verändert hat sich noch eine weitere Redewendung: Bislang sagte man: «Wir haben über Gott und die Welt *geredet*.» Also über alles Mögliche. Nun gibt es aber Zeitgenossen, die sagen: «Sie *kennt* Gott und die Welt.» Schön eigentlich, wenn heute wieder jemand Gott zu seinen Bekannten zählt. Das lässt doch hoffen. Gemeint sind jedoch weder Gott noch die Welt, sondern: Sie kennt viele Leute.

Manche kennen Gott wirklich nicht so gut, sonst wäre es im Journalismus nicht fast üblich geworden, die grausame Tätigkeit eines Heckenschützen, englisch Sniper, also eines heimtückischen Scharfschützen und Mörders, mit dem Tun Gottes zu vergleichen. Solch ein Sniper erschoss, gemeinsam mit seinem jugendlichen Gefährten, im Herbst 2002 im Großraum Washington mindestens zwölf Menschen. Er selbst soll an einem Tatort die Botschaft hinterlassen haben: «Ich bin Gott.» Aber deswegen muss man noch nicht schreiben: «Sniper wollte *Gott spielen*». Gewiss, gewiss, es ist allzu oft vom «Herrn über Leben und Tod» die Rede, als den sich manche Menschen den Schöpfer vorstellen. Aber dass Gott nach Lust und Laune, gar noch zum Vergnügen oder aus Machtgier Menschen auslöscht – also, das sollte man besser nicht unterstellen.

Von jemandem, der das meint, kann man nicht sagen, er kenne Gott und die Welt. Er steckt eher seinen Finger in eine Wunde, wie man Salz hineinstreut.

Enteisent Als der amerikanische Präsident Bush im Jahre 2002 seine Kriegskoalition schmiedete, galten Frankreich und Deutschland als *Kriegsgegner*. Das konnte man ja noch hinnehmen, solange es nicht hieß: «die Kriegsgegner Frankreich und Deutschland», denn da merkte nun fast jeder, dass es doch früher dasselbe Wort in einer anderen Bedeutung gegeben hatte. Weil beide Länder Gegner in allzu vielen Kriegen waren.

Ein Jahr später wurde die politische Debatte schon wieder von einem alt-neuen Schlagwort bewegt, es war das *Kopfgeld.* So nannte man allen Ernstes jene Prämie, die in einem völlig neuen Gesundheitssystem von jedem versicherten Menschen gezahlt werden sollte, vorgeschlagen von der Herzog-Kommission. Auch Kopf*prämie* war nicht besser als Kopfgeld, denn beide Wörter haben jahrhundertelang nur jene Belohnung bezeichnet, die ausgesetzt war für die Ergreifung eines Gesuchten.

Zu den alten Bekannten, die im neuen Gewand auftreten, gehört für mich auch die *Seitenansicht.* Das Wort ist seit je festgelegt auf die Ansicht eines Kopfes oder Gebäudes von der Seite. In mancher Computer-Software aber ist «Seitenansicht» eine Bezeichnung für den Befehl, eine ganze Schreibseite auf dem Bildschirm anzuzeigen. Hieße es hier «ganze Seite», hätte ich das besser gefunden. Man möchte das Geschriebene ja nicht von der Seite sehen.

Wir kennen den Lebensmittelladen. Seit einiger Zeit werden wir jedoch amtlich auch nach unserem *Lebensmittelpunkt* gefragt. Was durchaus nicht der Punkt ist, an dem man Lebensmittel bekommt, sondern der Mittelpunkt des Lebens. Es gibt eben Wortschöpfungen, die danebengehen. Man muss schon ahnen, wohin jeweils «mittel» gehört. Und könnte das neue Wort wenigstens so schreiben: «Lebens-Mittelpunkt». Nur mal als Vorschlag.

Seit die vorderen Sitze im Auto nicht nur von Hand in verschiedene Position gebracht werden können, sondern auch mit Hilfe elektrischer Heinzelmännchen, wird so ein technisches Wunder *elektrischer Sitz* genannt, was mich doch arg an eine grausame Hinrichtung erinnert.

Dass ein Wort zwei Bedeutungen hat, die sich schwerlich vereinen lassen, ist allerdings schon früher vorgekommen. «Rücksicht ist für den ein *Fremdwort!*» Wie, bitte? Es hat etwas lange gedauert, bis ich mich damit abfinden konnte, unter einem Fremdwort auch ein Wort zu verstehen, das einem fremd, also nicht geläufig ist. Rücksicht wird bei uns *groß geschrieben*, klänge schon besser. Obwohl ich da gleich wieder in Nöte gerate, denn dann müsste da doch RÜCK-SICHT stehen.

Sonderbar finde ich es ebenfalls, wenn man von einer Firma liest, sie sei «in eine *neue Dimension*» gewachsen. Ja, ich ahne durchaus, dass es nicht eine weitere Dimension (über die bekannten drei unserer Physik hinaus) sein soll. Dennoch sehe ich solch eine Firma in jene vierte Dimension wachsen, was wirklich ein Kunststück wäre.

Eine amtliche Schöpfung aber billige ich wirklich gar nicht. Auf Mineralwasserflaschen steht *enteisent*. Da habe ich lange gedacht, das sei ein Schreibfehler und müsse «enteisend» heißen, wie man auch «entwässernd» sagt. Das Mineralwasser entzöge dann dem Körper Eisen. Doch es heißt wirklich «enteisent», ein höchst amtliches Wort, parallel gebildet zu «entsalzt» oder «entkupfert». Gemeint ist also, dem Wasser wurde Eisen entzogen. Enteisent! Wirklich. Welch offizielle Verbeulung der Sprache. Gegen das Ohr, gegen das Sprachgefühl.

Da lobe ich mir diesen Spray für die Windschutzscheibe im Winter. Der ist wirklich enteisend.

Lichtjahre *Stundenkilometer!* Das ist ein ganz geläufiges Maß für die Geschwindigkeit. Aber einige – wohl technisch höchst versierte – Menschen haben behauptet, das Wort sei nicht richtig gebildet. «Kilometer pro Stunde» müsse es heißen, abgekürzt «km/h». Denn «Stundenkilometer» bedeute «Stunden pro Kilometer», was unsinnig wäre. Ein Einwand, der leider selbst Schwachsinn ist. Die deutschen Komposita sind nämlich schön vielfältig gebildet und haben immer Recht. Schon gar dann, wenn sie üblich geworden sind.

Selbst die Alternative «Stundengeschwindigkeit» ist noch durchaus in Ordnung, obwohl ich finde, dass sie nicht ganz so gut klingt wie «Stundenkilometer». Denn die Einheit, in der wir das alles messen, sind ja Kilometer, seien es nun fünfzig oder hundert. Daher schlage ich vor (im

Einklang mit allen Experten): Bleiben wir doch einfach bei «Stundenkilometer», wenn es um die Geschwindigkeit geht. Wir sagen ja auch, ganz entsprechend, «Tagesproduktion» oder «Jahresleistung», und niemand stört sich daran.

So «richtig falsch» aber scheint mir das *Lichtjahr* gebildet zu sein. Wie jeder Erfahrene weiß, handelt es sich dabei nicht um ein Jahr, obwohl es immer noch feinsinnige Leute gibt, die gern sagen, etwas sei «Lichtjahre her». Gut, wir anderen haben begriffen, dass ein Lichtjahr eine Strecke ist, nämlich die Strecke, die das Licht (im Vakuum) während eines Jahres zurücklegt. Also wäre doch, finde ich, «Lichtjahresstrecke» passender, wenn auch zu lang. Das Ding ist zudem international so eingeführt (englisch «light-year») und wird abgekürzt nach der deutschen Schreibweise: Lj.

Eine andere astronomische Länge ist das *Parsec*. Obwohl hier die Sekunde drinsteckt, ist es ebenfalls eine Länge. Das muss uns aber nicht stören, weil diese Sekunde eine Bogensekunde ist, also immerhin keine Zeiteinheit, sondern ein Winkel – und damit indirekt eine Strecke. Ein Parsec entspricht etwa 3,263 Lichtjahren. (Und unsereiner fragt sich nur laienhaft, wozu man diese Länge noch neben dem Lichtjahr braucht.)

Wahren Autofans ist das *Newtonmeter* bekannt, und es klingt nun wirklich, zur Abwechslung mal, nach einer Länge, ist aber keine. Es misst das Drehmoment, etwa eines Motors. Immerhin müssen wir zugeben, dass «metron» im Griechischen einfach «Maß» bedeutet, so dass wir uns gut damit abfinden können, auch eine Kraft als «Meter» benannt zu sehen.

Fast noch sonderbarer scheint mir, wie gern sich (besonders zu Willy Brandts Zeiten) die SPD als *Sozialdemokratie* bezeichnet hat. Daran haben wir uns inzwischen alle gewöhnt. Dennoch würden wir uns wundern, wenn sich eine andere Partei so beschriebe würde, etwa die Union als «Christdemokratie» oder die Liberalen als «Freidemokratie». Denn um eine Demokratie kann es sich auch bei der

SPD gewiss nicht handeln (so demokratisch es in ihr auch zugehen mag). Des Rätsels Lösung ist, dass seit dem ausgehenden 19. Jahrhundert das politische Ziel der Linken gelegentlich mit «Sozialdemokratie» umschrieben wurde. Als Ziel ist das ja auch wunderschön (im Gegensatz zur unsozialen Monarchie). Es war also zunächst eine Idee, von der das Wort auf jene Partei überging, die diese Utopie anstrebte.

Damit wäre wieder ein Beispiel gefunden für die Einsicht, dass in einem Kompositum nicht immer drinsteckt, was im zweiten Wort angegeben wird. Nein, von ihrem wörtlichen Sinn sind manche Begriffe weit entfernt … Newtonmeter weit! Wahrscheinlich seit Lichtjahren.